U0024328

教師教學專業發展之研究

廖年淼　著

再版序

　　本書係國科會資助的一項研究成果（NSC90-2413-H-224-001）改編而成。該研究以國內的科技大學與技術學院教師為研究對象，歷經一年的執行，復經一年整理才得以成冊發行。研究進行期間，國內除了極少數大學設置有教育發展中心外，多數僅以提供教育科技功能與服務的視聽（教育）中心為主，尚未有大學設置教學資源中心專責單位協助教授們提升教學效能。最近兩年拜教育部推動的教學卓越計畫之賜，國內成立此類中心的學校已經多達十餘所，我們樂見此一發展趨勢，更期待相關的實證研究亦能夠蔚為風潮。

　　本書實證對象雖以技術校院教師為主，然部分內容與結論等章節亦有值得其他類型學校或不同層級學校教師參考的價值，因此最後乃以「教師教學專業發展」最為本書的標題，實乃希冀能夠與所有關心教師教學專業發展的教師們共享此一成果。

　　在先進國家中，即便是高等教育層級亦頗為重視教師的專業成長。以美國為例，在七〇年代開始就非常注重教師教學專業的發展，到了七〇年代後期，全美國兩千餘所大學校院（含設區學院）中，已有超過一半的學校有正式的課程或機制協助教師提升教學能力與改善教學成效。這個趨勢似乎

意味著高等教育雖然同時肩負教學與研究的角色，但追求高品質的教學效能應是大學不可忽略的核心價值。

我國各層級學校教師資格之取得分為檢定及審定兩種，高級中等以下學校教師採檢定制，專科以上學校教師則採審定制並區分為教授、副教授、助理教授與講師等四個等級。前者在檢定之前除了必須具備專門科目學分專長、參與教育實習外，尚需修畢規定之教育學科及學分；後者的資格審定則僅著重學位與學術專長，加上升等資格審查又偏重學術研究成果，因此大專以上教師的教學專業領域鮮少受到應有的關注，更遑論在大學裡開辦相關課程或研習來協助多數未曾修習教育專業學分的教授們提升其教學專業能力，雖然先進國家高等教育亦有偏重研究的現象，但對於如何協助大學教師提升教學成效的努力則顯然仍有很大的改善空間。有鑑於此，乃興起筆者探討大學教師教學專業發展之現況與了解相關問題的興趣。

本研究進行期間，曾就讀於本校技職教育研究所的研究助理——游勝宏對於本研究的完成居功厥偉。勝宏不但精擅統計分析工作，而且整理研究成果的圖表功夫一流，本書的許多複雜圖表經勝宏彙總與精簡之後，往往更易於解讀與比較，特藉此機會感謝勝宏的長久協助。

劉孟珊同學也是協助我研究工作多年的助理，本書的許多文獻與相關參考資料的覆核工作即由她完成。孟珊擔任筆者研究助理凡三年，具備最上乘的統整與歸納能力，本書能夠順利付梓，孟珊功不可沒。其次是黃思芸助理的耐心協助校稿與相關編輯工作，在此一併致謝。

　　特別值得一提的是甫從本校退休、現任教於致遠管理學院教育研究所的何信助教授，多年來一直給我很多的鼓勵與協助，這本書的完成也承蒙何教授給予許多寶貴意見，特此致謝。

　　最後，還要感謝秀威資訊出版公司慨允出版，尤其是秀威高效率的工作團隊，使得本書能夠以最快的時程完成編排工作，謝謝這群幕後英雄。

　　本書各章節雖經反覆修改，然因倉促成稿疏漏在所難免，尚祈讀者先進不吝指教與斧正。

廖年淼謹誌
于國立雲林科技大學
2006 年 12 月 12 日

目　次

教師教學專業發展之研究

第一章　緒論

　　本研究主要目的在瞭解技術校院教師對教學發展的相關議題，在本章緒論中主要分為三個小節進行說明：研究動機與研究目的、名詞界定，及研究範圍與研究限制等。

第一節　研究動機與目的

　　目前我國就讀於普通教育體系與技職教育體系的學生分別有 758,856 人與 1,034,289 人，兩者所佔百分比約為42.3%與 57.5%（教育部，民 89）。就技職教育體系內的學生人數結構而言，就讀於高職與五專前三年者約有 58 萬人（56%），就讀於二專與五專後兩年者約有 34 萬 5 千人（33.3%），就讀於科技大學和技術學院者有 10 萬 5 千人左右（10.7%）。就高等技職教育體系而言，就讀於專科學校的學生人數約為科技大學學生人數的三倍。不過自八十五學年度起，在教育部推動績優專科學校改制為技術學院的措施後，可以預期的是未來就讀於專科學校與技術校院的技職體

系學生人數將會出現非常明顯的消長情形。以 88 學年度為例，全國的技術校院有 47 所，但在 89 與 90 學年度總計增加了 21 所科技校院（教育部，90），可預見的是未來幾年還會持續這樣的改制熱潮。因此，在這波改制風潮後，就讀於四技或二技的技術校院的高等技職教育學生，將會明顯的增加許多而成為技職教育體系的「主流」。

　　面對高等技職教育學生人數與學制的激烈變動，首當其衝的是在第一線執行教學任務的技術校院教師了。技術校院教師未來必須面臨的不僅只是授課課程將由專校課程轉換為四技、二技與在職班的複雜學制課程，多元的學生來源也將是技術校院教師重要的挑戰。僅就技術校院大學部的學制而言就有四技、二技、二技在職班，這些學制的學生來源可能包含高職畢業生、綜合高中職業學程畢業生、乃至一般高中及綜合高中非職業學程的畢業生（非應屆畢業者皆可報考四技）。再加上高職新課程自 89 學年度全面實施，這些學生三年後進入技術校院的專業基礎，將與過去職業學校畢業生的專業實務能力有著甚大的差異，我們的技術校院教師是否已經準備好面對如此複雜的學制課程、激烈的高職課程變動、與多元學生背景的挑戰？各技術校院是否了解此一趨勢，並提供所屬教師足夠的支援課程或活動？

　　筆者在科技大學教育學程中心從事師資培育（以高職職業類科師資之培育為主）的工作已逾五年，教授過的教育學程學生來自全校各系所、各學制。在相關課程中，學生經常會提出一個問題：我們要到高職教書必須修習教育學分，在技專校院教書的老師們為何都不必接受相關的教學訓練？

擁有博士學位就「自然會教書」嗎？學生會提出這樣的質疑大多源自於過去在專校、技術學院就讀的經驗中，並未感受到教授們具備足夠的教學專業能力，有些甚至違反基本的教學原理或教育理念，更有甚者可能帶給學生永久的心靈創傷。

　　以美國的高等教育（含社區學院）為例，自 1970 年代開始就非常注重「教師發展」（faculty development）的相關事宜（Lefler, 1998）。根據 1976 年的一項調查顯示，在接受調查的 2,600 所大學校院中，超過一半的學校已經有正式的「教師發展」課程來協助教授們改善他們的教學成效（Centra, 1978）。一個以社區學院系統的教師為對象的研究更進一步指出，以改善教學為導向的「教師發展」課程，對於整個高等教育系統具有顯著的衝擊潛力，高品質的教學已成為不可避免的專業趨勢（Wallin, 1982）。

　　對照前述自 1970 年代已成為美國高等教育重要工作的「教師發展」，攸關國內數十萬學生權益的技術校院，是否已意識到協助教師發展他們的專業，尤其是發展教學專業的重要性？我國高等教育機構教師的升等，向來以學術研究成果為主要決定標準，這個誘因足以引發大學教師追求學術研究能力的發展；相較之下，發展大學教師的教學專業，因為缺乏適度的誘因，自然比較不受重視。就學術層面而言，目前國內也鮮少見到討論有關一般大學教師教學發展的文獻（葉蕙蘭，民 87；斯定國，民 81），更遑論針對技職教育體系大學教師教學發展加以探討。有鑑於此一主題的重要性，本文乃以國內公私立科技大學及技術學院教師（本文簡

稱為技術校院教師）為研究對象，探討技術校院教師教學發展相關問題。具體而言，本研究的研究目的如下：

（一）探討技術校院教師如何知覺教學發展知能的重要程度。

（二）探討技術校院教師如何知覺其教學發展知能之符合程度。

（三）探討技術校院教師對教學發展知能之需求。

（四）探討技術校院教師如何知覺校內辦理的教學發展相關活動之重要程度。

（五）探討技術校院教師如何知覺校內辦理的教學發展相關活動符合程度。

（六）探討技術校院教師對校內教學發展相關活動需求之類別與程度。

第二節 名詞界定

（一）技術校院：

  包含高等技職教育體系中的技術學院或科技大學。

（二）技術校院教師：

  指國內高等技職教育體系中，任教於技術學院或科技大學的教師。

（三）教學發展：

  本研究所稱「教學發展」是指所有可能增強或提升技術校院教師教學能力的相關知能，而其最終目的則是為了達到學校的辦學目標或效能。針對「教學發展重要程度」、「教學發展符合程度」及「教學發展需求程度」等三部份說明如下：

1. 教學發展重要程度：以技術校院教師在「技術校院教師教學發展調查問卷」六個教學發展知能構面與四十五個教學發展知能問項所評定的重要程度認知之平均數代表之，平均數愈高表示愈重要。

2. 教學發展符合程度：以技術校院教師在「技術校院教師教學發展調查問卷」六個教學發展知能構面與四十五個教學發展知能問項所評定的符合程度認知之平均數代表之，平均數愈高表示愈符合現況。

3. 教學發展需求程度：為了避免填答者將「想要」（want）視為「需求」（need）之虞，本研究之「技

術校院教師教學發展調查問卷」的設計並未直接問
取填答者的需求，而是將填答者對該題項「重要程
度」與「個人目前符合程度」的認知差距視為該填
答者的需求，前兩者的認知差距越小，則「需求程
度」較小，表示教師現況認知頗能符應其對該題項
的重要程度認知；反之，則表示教師的現況認知與
其重要程度認知有較大的落差存在。

第三節　研究範圍與限制

　　本研究的研究對象為所有任教於技術學院或科技大學（簡稱技術校院）的教師，惟並不包含在一般大學附設的二技部。各技術校院名錄係以研究進行當年度教育部所出版的我國技職體系學校名錄為主，伺後有若干專校升格為技術學院、或是技術學院升格為科技大學者，本研究仍以當年度學校名錄之學校名稱為主。另外，由於技職教育體系學生、課程、教育目標的特殊性與複雜性，本研究針對技術校院教師進行研究的成果，其可能推衍的範圍僅限於技術學院或科技大學教師，並不包含高職或專科學校及一般大學的教師。

第二章　文獻探討

　　本章旨在探討本研究相關之國內外文獻及研究結果，以作為本研究之理論基礎，此外，瞭解國內科技校院發展現況與教師結構，對於本研究之進行與結果的推論也極為重要，共分為三個小節進行討論。

第一節　教學發展之意義與內涵架構

　　教師發展（faculty development）的相關問題受到美國高等教育學府的注意大約始於 1960 年代晚期，而受到各方的重視則在 1970 年代。1976 年的一項調查顯示，接受調查的全美 2,600 所大學校院中，已有超過一半以上的學校建構有正式的「教師發展」課程（Centra, 1978）。

　　美國這樣的發展趨勢主要是由 1960 年代開始，許多高等學府對於教師的升等和永久聘用的決定，從原先重視教學品質轉換為學術表現、學術出版數量與爭取到的研究經費等各種指標，大學教師教學表現並未得到相同的重視（Lefler, 1998）。因此早期的大學教師發展計劃，大多模仿中小學的教師專業發展活動的特質，著重於學科知能的提升而非教學專業知能的加強（Alfano, 1993）。當時大學中的主流思潮

是只要學術水準夠好，不需透過學習自然擁有足夠的教學能力（teaching competencies were innate rather leaned）。這種只重學術能力不重教學能力的現象，一直到 1970 年代由於社會大眾要求學校的責任績效（accountability）才有了改變。再加上當時日益低落的大學新生入學率、緊縮的財務狀況，以及日益老化的教師人力，迫使各大學開始重新檢討大學教師發展活動的角色與功能，進而逐漸重視大學教師在教學專業方面的發展（Lefler, 1998）

　　至於「教師發展」的意義為何？與提升教師的教學能力有何關聯呢？Eble 和 McKeachie （1985）認為所有可以協助大學教師提升他們教學與學術能力的活動，都屬於「教師發展」的範圍；Centra （1978） 則將「教師發展」界定為：大學校院可用以保持與更新大學教師生命力的活動皆屬之；Bennett （1991） 認為「教師發展」是用以協助教師增強他們的知識與技能，而最終目的則是為了增加學校效能。

　　從上述對於「教師發展」的解釋來看大致可以得到一個結論，大學「教師發展」是指所有可能增強或提升大學教師教學或學術能力的課程或活動，而其最終目的則是為了達到學校的辦學目標或效能。易言之，大學教師發展定義容或有所不同，但是以協助大學教師教學專業知能的「教學發展」（instructional development）被視為高等教育機構「教師發展」的重要內容與急欲達成的目標，則是無庸置疑的，本研究對於技術校院教師的教學發展的定義即採用此一結論。

　　至於技術校院教師發展的內涵架構，由於國內外文獻比較缺乏相關的文獻，因此乃從一般教師養成所需的專業內涵

進行了解。有關教師專業內涵的研究首推修曼（Shulman, 1987）在 80 年代後期的研究成果。修曼在 1987 年提出有關教師教學知識改革的論點後，曾造成美國師資培育領域熱烈探討教學知識的風潮（郭玉霞，民 81）。修曼將教師教學所需的知識分為七個類別：（1）學科內容知識（content knowledge）；（2）一般教學法知識（general pedagogical knowledge）；（3）課程知識（curriculum knowledge）；（4）學科教學知識（pedagogical content knowledge）；（5）有關學習者以及他們特質的知識（knowledge of learners and their characteristics）；（6）教育情境脈絡的知識（knowledge of educational contexts）；和（7）有關教育目標、目的與教育價值等知識（knowledge of educational ends, purposes, and values, and their philosophical and historical grounds）。修曼（1986）認為除了前三種比較常被討論的知識是一般教師應具備的外，其餘四類知識也是教師不可或缺的教學專業內涵。

　　除了修曼之外，還有其他幾位學者也陸續提出有關教師學習教學應具備的知識結構。例如，Calderhear 在 1988 年（饒見維，民 84）提出教師的實務行動知識範圍包括：有關自我的知識、有關學科的知識、有關學習者的知識、有關課程的知識、後設認知程序、有關學習如何教學的觀念取向，與實務知識等。另外由美國師資教育學院協會贊助、Maynard Reynolds（1989）主編之初任教師的知識基礎一書中也提出了有關教師必備知識的主要項目如下：有關任教學科的知識、有關教學理念的知識、有關學生與學習的知識、有關教室組織與經營的知識、有關教學的社會脈絡、政治脈絡、文

化背景知識、有關特殊學習者的知識、有關課程的知識、有關評量的知識、有關各學科特有的教學知識、有關閱讀與寫作教學的知識、有關數學教學的知識、有關人際溝通與協調合作的知識、有關教師的法定權利與義務的知識、有關教學的道德與倫理層面之知識等 14 項知識範疇（饒見維，民 84）。

另有 Tamir 在「國際教育百科全書」（饒見維，1990）中也提出他認為比較完整的教師必備知識種類，包含一般博雅教育、個人能力表現（personal performance）、學科知能（含知識與技能）、一般教學知能（含學生、課程、教學、與評量等四方面的知識與技能）、學科特有教學知能（含學生、課程、教學、與評量等四方面的知識與技能）、與教學專業的基礎知識等六大類知能。

有關教師的專業內涵，國內也有若干學者曾加以探討，其中饒見維（民 84）在綜合國內外學者的見解之後，提出一個完整的「教師專業發展的內涵體系」（頁 173），這個體系包含四大類知能：教師通用知能（含通用知識與通用能力）、學科知能、教育專業知能（含教育目標與教育價值知識、課程與教學知能、心理與輔導知能、班級經營知能、教育環境脈絡知識）、教育專業精神等。

有鑑於國內技職教育體系的特殊性，本研究有關教學發展的內涵架構係採酌自 Lee S. Shulman 在 1987 年發表的「教學知識之改革基礎」（Knowledge and Teaching: Foundations of the New Reform）中，有關教師知識的分類基礎（Categories of the Teacher Knowledge Base）（p. 8）為主要架構，將技術校院教師教學發展的內涵分為任教學科知識、教學知識

（含 general pedagogical knowledge 及 pedagogical content knowledge）、教育情境知識、學生特性知識、教育目的與教育價值知識、與課程知識等六大類，然後分就這六大類架構參酌馮丹白等（民 90）、林生傳（民 91）及廖年淼（民 91）等人之研究成果發展各架構下的細項。

第二節 國內外相關研究

瞭解國內外在教師教學發展領域之相關研究成果，將有助於釐清本研究之相關疑問，使本研究在進行上更具效率，本節將分別就「國外相關研究與應用」及「國內相關研究與應用」等兩部份分別說明之。

壹、國外相關研究與應用

1980 年代後期，不同領域的研究者開始分從不同領域與不同角度進行大學校院教師「教學發展」的相關研究。Bergquist 和 Phillips（1975）首先建構了「教師發展」的架構，認為「教師發展」至少應包含三個主要內涵：教學發展（ instructional development ）、個人發展（ personal development）、與組織發展（organizational development）。其中，教學發展係指有關如何教學與指導學生學習方面的發展，個人發展泛指大學教師個人各方面的成長，組織發展則是比較關切所有能夠支持教學的機構環境之改變與發展而言。其後，Lepiz-Jimenez（1982）認為「教師發展」應包含四個構面：專業發展（professional development）、教學發展（ instructional development ）、課程發展（ curricular development）以及組織發展（organizational development）。

Seppanen（1990）在探討華盛頓地區社區學院教師發展的研究中指出，最為社區學院教師歡迎的主題是「與學生互動」的課程，且不因教師的背景不同而有差異存在；其餘四個優先主題依序為「教學方法」、「批判思維」、「電腦的使用」與「教學科技的應用」。Alfano（1993）則是建議大學教師發展活動的設計可以著重於「與大學目標關聯的主題」、「教學的改善」、「課程發展」與「學術及專門技術」等主題。

Bartok（1980）透過問卷調查與訪談方式，以社區學院中的「兼任教師」進行需求評估，結果顯示社區學院教師比較需求的發展主題是「改善教學方式」、「個別化教學」、「多元媒體學習資源」、「學生學習型態的了解」、「評分方式」等。另一個以哥斯大黎加地區公立大學專、兼任教師的研究指出，兼任教師對於教學發展方面主題的需求，比專任教師的需求程度要來得高，但並不因教師的任教領域而有不同的需求程度，另外教師與行政主管對於哪些主題應列入發展課程的看法，則是頗為一致（Lepiz-Jimenez, 1982）。

在亞洲方面，一個以馬來西亞大學教師為研究對象的結論，則與上述的研究結論略有不同。根據 D'cruz-Endeley（1994）的研究，馬來西亞大學教師的發展需求主題是隨著教師們的性別、最高學位、教學經驗、教育訓練、與教學素養等背景的不同而有差異；一般而言，教學經驗比較豐富、接受過較多教育訓練的大學教師其發展需求也比較複雜些；其次，行政主管比教師更為強調「激勵學生學習」、「教室管理」以及「課程評估技巧」等屬於教學領域的主題。

D'cruz-Endeley 最後的這個結論與 Maxwell 和 Kazlauskas（1992）的研究結論有些類似。Maxwell 和 Kazlauskas 發現大學教師們常會高估自己的教學能力與成效，因此參與大學教師發展課程的意願較低，反之，大學教師卻普遍認為自己的同僚更需要教學發展課程以提升他們的教學效能。其他可能影響大學教師參與發展計劃的原因還包含「時間不足」、「缺少誘因」、「文書負擔」、及「缺乏自信」等因素（Carmichael, 1975）。

　　至於大學教師比較屬意的發展方式，在各項研究中則有比較高的一致性。例如 Maxwell 和 Kazlauskas（1992）的研究指出「休假進修」、「工作坊」、「研討會」、「簡訊」與「課程評估」等方式，是比較有效且能夠吸引教師們參與的發展活動。這個結論與早期 Centra（1978）在美國所進行的全國性的研究結論及 D'cruz-Endeley（1994）在馬來西亞的研究結果頗為接近。

　　從 1980 初期以後，有關大學教師發展的研究有一個比較重要的發展方向，此即建構模型與發展評估標準或程序。例如 Marble（1980）曾為美國華盛頓州社區學院系統的職業類科教師，建構一個教師發展模型，並且在兩個社區學院執行該模型的發展計劃；George（1981）也曾為醫學院訓練課程的教師建構一個模型，並據以實施及評估其成效；另外Scott（1987）也利用問卷調查與專家座談方式建構、執行與評估具備成本效益理念的大學教師發展模型，這個模型最主要的功能是用以維持教育品質與改善學生的學習效能。除了致力於發展相關模型外，也有部分學者著手於大學教師發展

課程的評估標準（Day, 1980；Dale, 1998），以及發展需求評估程序（Cooper, 1982）。

　　1980 年代末期，不同領域的研究者開始分從不同任教領域與不同角度，針對大學校院教師的「教學發展」領域進行實證研究（Shedd, 1989；Anderson, 1992；Goody, 1998）。Shedd（1989）對社區學院教師進行教學發展需求的評估，發現教師們對於部分需求類別的需求程度，會隨著背景變項的不同而有顯著差異。Anderson（1992）則為大學閱讀課程的授課教師設計個別化的教學發展計劃，協助教師發展使用電腦的輔助教學策略，以輔助英文字彙的教學活動，結果證實個別化教學發展計劃的重要性。因為即使是任教同一領域的英文教師，他們對於教學策略的知識層次與關切重點皆不盡相同，而有賴此一計劃加以統合協調。

　　在美國各大學中，伊利諾大學甚至設有「教學發展部門」（Division of Instructional Development）來協助與支援該校教師的教學工作。Goody（1998）曾針對這個部門為教師們設計的一個教學發展課程，進行實施程序與成效的評估研究，結果顯示每個教學發展計劃，都可能是非常獨特且需要非線性的規劃程序，規劃過程最好有大學教師本身的參與，以提升他們對該課程或活動的歸屬感。

貳、國內相關研究與應用

　　相較於國外眾多的研究，國內有關大學層級教師的教學專業發展的研究不但起步晚，而且就數量而言也顯得比較不

足。較早的一個研究是以國立台灣大學以專任教師為對象所進行的教學發展需求調查研究（斯定國，民 81），該研究之「教學發展調查問卷」分十三個大題，對校內八百位專任教師進行資料蒐集，研究結果顯示：台灣大學的教師傾向於花更多的時間在研究而非教學上，且大部分的教師對於教學發展的概念並不熟悉，但仍肯定教學發展對於他們教學角色的重要性；台大教師的教學方式都以講述為主，較少利用教學媒體輔助教學活動，該研究在最後的結論指出台大的教師在教學過程中，或多或少和美國的大學教師有同樣的教學發展需求與問題。

葉蕙蘭（民 87）則以質性研究法，針對淡江大學教師進行教學專業成長的需求評估，由組織、教學、教師個人等三個層面探討大學教師教學專業成長的需求。研究結論指出，大學教師教學專業成長的方向包含「教學與師生互動」、「媒體科技」、「教學設計與規劃」、以及「教學環境與資源」等四個主要因素，其中以「教學與師生互動」的需求程度最高，而以「教學環境與資源」需求程度最低；另根據調查對象的背景差異分析顯示，教師與學生的需求在四個因素上皆有顯著的差異，教師的「最高學歷」、「學院別」、「職級」、「兼行政職」等背景因素也顯著的影響著教師的教學成長需求類別。

在高等技職教育體系方面，本文作者（廖年淼，民 89）曾經利用質性分析法完成一份有關教師教學意見調查的分析報告，該研究係針對一所國立科技大學全校課程的教學意見調查書面意見進行分析，計有 293 人次的學生在教學意見

調查表上以文字表達他（她）們對教師教學行為或教學成效的意見。這些書面意見經編碼與分類後，依「教師人格特質」、「師生互動」、「教材與教法」、「上課收穫」與「其他」等五大類分類，然後再將每一大類中的教師行為分為「令學生滿意的意見」與「令學生不滿意的意見」兩部分予以彙整，研究顯示，學生覺得滿意的因素（教師教學行為）一致性要比讓學生覺得不滿意的教學行為來得高；其次，就「師生互動」與「教材教法」兩大類的意見中，可以讓學生覺得滿意的教學行為非常集中（僅有四項，分別為上課生動活潑、上課內容生活化／實務化、上課內容豐富、運用校外教學）。此一趨勢顯示科技大學學生對教師教學行為覺得滿意的看法頗為一致，但是會讓學生感到不滿意的因素卻是琳瑯滿目（如作業太多／太少、交代不明確、上課遲到、偏心、缺乏諮詢時間、評分不公、音量不夠／聲調平淡、講課速度太快、壓制學生的想法、言語諷刺、上課內容太多／不足……），其意見範圍遠較滿意的部分為大。這個發現顯露的訊息是：如果要讓學生覺得滿意的話，教師的教學行為只要合乎幾項標準即可，但是要引起學生覺得不滿意的教學行為卻很多；也就是說，教師只有在少數幾項因素做到的情形下才會受到學生的肯定，而學生卻容易因為眾多的因素而對授課教師有所抱怨。

　　另一個與技職體系教師有關的專業成長活動規劃研究是由張文雄、林尚平、廖年淼、及沈健華等（民 89）所完成。該研究的主要目的是規劃我國技職校院（包含高職、專校、技術校院三個層級學校）教師整體性的研習進修體制，

以作為教育部規劃技職教師在職進修方式與研擬相關辦法
之參考。在規劃技職教師進修研習的「行動方案」與「作業
規範」前，該研究也曾針對技職校院三個層級教師進行進修
研習的需求意見調查，研究結果顯示，在六項可能進修的課
程類別中，「教育專業知能課程」（指與教學知能有關之課
程，如教材編製、教學評量、課程設計等）是排名第二的課
程類別，由此可見技職體系教師對於教學知能方面成長需求
之殷切；至於技職教師最期望的前五種進修方式依序為國內
進修學位、國外短期研習、國內短期研習、國外進修學位與
學術研討會；最適當的進修時間安排則為寒暑假；如果是短
期研習，多數技職教師認為一週以內的研習機會最為適當。

　　最近馮丹白等人（民 90）蒐集任教於科技大學及技術
學院教師對於科技校院教師應該具備能力之意見，所進行的
一項研究結果指出，一位科技大學或技術學院教師應具備的
能力包括十層面、三十六項目、一百五十六細目（指標），
其中教學能力一項即包含五項目、三十一細目（詳如表 2-2-1
所示），所佔比例將近 20%，可以看出對於科技校院的教師
而言，即使專業及實務能力十分重要，但教學能力仍具有相
當的重要性。

　　從表 2-2-1 中我們可以發現，科技校院教師所應具備的
教學能力和一般教師所並沒有太大的差異，都包括了設計教
材、選擇教法，以及進行教學評量等方面，但值得注意的是，
科技校院的教師額外特別強調專題製作的教學能力、教學內
容的專業性，以及與實務結合的程度。

表 2-2-1 科技校院教師應具備之教學能力一覽表

項　　目	細　　目
具有任教科系專業課程及教材發展能力	①進行課程之設計、發展與評鑑 ②能進行能力分析 ③能發展教材及教學計畫
具有任教科系專業課程的教學計畫與準備的能力	①能瞭解學生的需要 ②能規劃、設計、組織、編製、選用專業科目教具、教材與作業 ③能進行專業科目教學活動設計 ④能編寫專業科目教案 ⑤能選用並製作適當之專業教學媒體 ⑥具有引發學生學習的原理與技巧 ⑦能蒐集及整理專業教學資源並進行教學研究發展 ⑧能分析並應用專業學科及術科教學情境
項　　目	細　　目
具有任教科系專業教學技術與應用的能力	①能根據專業科目教案進行專業教學 ②能應用並研究發展各種教學方法、教具及活動設計進行專業教學 ③能掌握學生的學習動機 ④能以清楚的語言、發問、板書及實作進行專業知能之教學 ⑤能操作各種專業教學媒體進行專業教學 ⑥能有效掌握專業教學內容及進度 ⑦能指導學生進行專業技術操作實驗／實習並協助解決遭遇的問題與困難 ⑧能幫助學生應用所學的原理與技術 ⑨能針對學生個別差異實施增廣及補救教學 ⑩能善用專業教科書並引用課外資源來指引教學 ⑪具有專業教學研究與創新的精神
具有任教科系專題製作教學的能力	①能指導學生創作發明之動機及實作 ②能輔導學生將專題製作成果參加校外競賽

表 2-2-1　科技校院教師應具備之教學能力一覽表（續）

實施任教科系專業教學評量的能力	①能熟悉評量學生精通專業學習目標的原理與技巧 ②能選用或編製主、客觀的專業評量工具 ③能設定學生學習專業行為的評量標準 ④能客觀公正的評量、考核與測驗學生之認知、技能、態度學習的成就 ⑤能適時實施預備性、形成性、及總結性評量 ⑥能運用評量結果提升專業教學成效 ⑦能應用教學改變學生行為

資料來源：馮丹白等（民 90），科技大學、技術學院教師應具備能力之研究。論文發表於台灣師範大學研討會。

　　然而依據教育人員任用條例第 14、16、17、18 條之規定，在現行的大專院校教師任用資格中，只規定學歷、專門著作等條件，並沒有特別針對教師們的教學成效有所規範，也沒有要求教師們去探究不同教室教學方法、研究技巧及教育理論背後的基本原則，反而往往只關心學會「如何」（how）、「怎麼做才有效」（what works）、或是如何精熟特定知識的教學法（馮丹白等，民 90），科技校院教師們是否具備教學能力，是否能夠讓學生感受其教學專業，值得我們深思。

第三節　國內科技校院發展現況與教師結構

　　在瞭解國內外在教師教學發展領域之相關研究成果之後，進一步針對國內科技校院發展現況與教師結果深入瞭解，將有助於本研究之進行，本節將分別就「國內科技校院發展現況」及「科技校院教師結構」等兩部份分別說明之。

壹、國內科技校院發展現況之探討

　　回顧八〇年代以降的高等技職教育，為暢通技職學生進修管道及建立完備的技職教育體系，除積極籌設新校外，並自八十五學年度起，輔導績優專科學校改制技術學院並附設專科部、鼓勵大學設置二年制技術院系，及辦理技術學院改名科技大學等措施，兼顧學生生涯發展，提供升學進路，配合產業人才需求，扭轉以往將技職教育視為終結教育及第二選擇的偏差。

　　為改善專科生升學進路不足之問題及調整技術人力之結構，我國高等技職教育在八〇年代的發展以增設技術學院及績優專科改制、升格為技術學院為主要發展方向。在增設技術學院方面，政府分別於民國 80 年、84 年設立國立雲林技術學院及國立高雄技術學院，並於該學年開始招生；私人興學方面，則有私立朝陽技術學院、私立樹德技術學院與私立育達商業技術學院，分別於民國 83 年、86 年和 88 年設

立。而在續優專科學校改制技術學院方面，則有國立屏東農專於民國 80 年首先改制為國立屏東技術學院，爾後則有國立台北工專及國立護專於民國 83 年改制為國立台北技術學院及國立台北護理學院。

　　另外，依據「專科學校法」及「教育部遴選專科學校改制技術學院並核准附設專科部實施辦法」之規定，自八十五學年度起受理續優專校申請改制為技術學院並附設專科部，迄至本（八十九）學年度止，計已核准五十四所專科學校改制為技術學院。改制後技術學院附設有專科部，同時兼負大學教育與專科教育功能，對積極提升產業技術人力素質，及暢通技職學生進路管道，貢獻甚鉅。由表 2-3-1 可得知，在此波改制潮流中，第一批獲准改制為技術學院的專科學校有私立南台工商專校（改制後為南台技術學院）、私立崑山工商專校（改制後為崑山技術學院）與私立嘉南藥學專校（改制後為嘉南藥理學院）。爾後，陸陸續續有愈來愈多的專科學校改制為技術學院，茲臚列如表 2-3-1 所示。

表 2-3-1　我國科技校院升格改制一覽表

年	新設／改制	國／私	學校名稱（改制後）	合計
80	新設	國立	雲林技術學院	1
	改制	國立	屏東技術學院（原屏東農專）	1
83	新設	私立	朝陽技術學院	1
	改制	國立	台北護理學院（原台北護專）、台北技術學院（原台北工專）	2

表 2-3-1　我國科技校院升格改制一覽表（續 1 ）

年	新設／改制	國／私	學校名稱（改制後）	合計
84	新設	國立	高雄技術學院	1
85	改制	私立	南台技術學院（原南台工商專）、崑山技術學院（原崑山工商專）、嘉南藥理學院（原嘉南藥專）	3
86	新設	私立	樹德技術學院	1
86	改制	國立	台灣科技大學（原台灣技院）、屏東科技大學（原屏東技院）、雲林科技大學（原雲林技院）、朝陽科技大學（原朝陽技院）、台北科技大學（原台北技院）、高雄海洋技術學院（原高雄海專）、虎尾技術學院（原雲林工專）、高雄科學技術學院（原高雄工專）	13
86	改制	私立	台南女子技術學院（原台南家專）、明新技術學院（原明新工商專）、大華技術學院（原大華工商專）、弘光技術學院（原弘光護專）、輔英技術學院（原輔英護專）	
87	改制	國立	高雄第一科技大學（原高雄技院）、宜蘭技術學院（原宜蘭農專）、屏東商業技術學院（原屏東商專）	7
87	改制	私立	中台醫護技術學院（原中台醫專）、高苑技術學院（原高苑工商專）、景文技術學院（原景文商專）、龍華技術學院（原龍華工商專）	

表 2-3-1　我國科技校院升格改制一覽表（續 2 ）

年	新設／改制	國／私	學校名稱（改制後）	合計
88	新設	私立	育達商業技術學院	1
	改制	國立	高雄應用科技大學（原高雄科技學院）、南台科技大學（原南台技院）、台中技術學院（原台中商專）、勤益技術學院（原勤益工商專）、聯合技術學院（原聯合工商專）	22
		私立	明志技術學院（原明志工專）、正修技術學院（原正修工商專）、中華技術學院（原中華工商專）、嶺東技術學院（原嶺東商專）、文藻外語學院（原文藻語專）、大漢技術學院（原大漢工專）、萬能技術學院（原萬能工商專）、慈濟技術學院（原慈濟護專）、新埔技術學院（原新埔商專）註①、遠東技術學院（原遠東工商專）、永達技術學院（原永達工專）、大仁技術學院（原大仁藥專）、建國技術學院（原建國工商專）、元培科學技術學院（原元培醫專）、和春技術學院（原和春工商專）、清雲技術學院（原健行工商專）、中華醫事技術學院（原中華醫專）	

表 2-3-1 我國科技校院升格改制一覽表（續 3）

年	新設／改制	國／私	學校名稱（改制後）	合計
89	改制	國立	高雄餐旅技術學院（原高雄餐旅專校）、澎湖技術學院（原澎湖海專）	19
		私立	崑山科技大學（原崑山技院）、嘉南藥理科技大學（原嘉南藥理學院）、樹德科技大學（原樹德技院）、德明技術學院（原德明商專）、中國技術學院（原中國工商專）、光武技術學院（原光武工商專）、致理技術學院（原致理商專）、醒吾技術學院（原醒吾商專）、亞東技術學院（原亞東工專）、東南技術學院（原東南工專）、南亞技術學院（原南亞工商專）、僑光技術學院（原僑光商專）、中州技術學院（原中州工商專）、環球技術學院（原環球商專）、吳鳳技術學院（原吳　工商專）、美和技術學院（原美和護專）、修平技術學院（原樹德工商專）	
90	改制	國立	台北商業技術學院（原台北商專）	6
		私立	龍華科技大學（原龍華技院）、德霖技術學院（原四海工專）、南開技術學院（原南開工商專）、南榮技術學院（原南榮工商專）、蘭陽技術學院（原復興工商專校）	
91	改制	國立	空軍航空技術學院（原空軍航空技術學校）註②	1

註①：新埔技術學院於 92 年更名為「聖約翰技術學院」。
註②：http://www.afats.khc.edu.tw/internet/aboutsch/HISTORYa.htm (910402)
資料來源：教育部高教司（民 90）。九十學年度大學校院一覽表。台北：教育部。

　　在一波波專科學校改制為技術學院的同時，為因應未來科際整合及科技人才通識教育的需要，教育部更進一步輔導已具規模的技術學院增設人文、管理等相關領域學程後，進

而改名為科技大學,以朝向以科技為主的綜合性大學發展。
迄九十學年度,全國已有十二所科技大學、五十四所技術學
院,九十一學年度其數量將持續增加,未來技職學生的升學
進路可稱十分寬廣暢通。

　　因此,就學校數目觀之,由表 2-3-2 可知技術學院已然
成為我國高等技職教育的主流,愈來愈多的專科學校改制
為技術學院附設專科部,致使我國技術學院的學校數目由
民國 80 年以前的一所,在短短十年間激增至 54 所,其中
計有 10 所為國立專科學校改制,44 所為私立專科學校改
制;而在科技大學方面,各有 6 所國立及私立科技大學,
合計為 12 所。

　　其中,吾人必須特別注意的是,在一窩蜂專科學校改制
技術學院及技術學院改制科技大學的聲浪中,教育部為提昇
護理相關人員的教育素質,亦輔導護理類職業學校升格改制
為護理(醫護)專科學校,例如:國立台中護理專科學校、
私立馬偕護理專科學校、私立慈惠醫護管理專科學校等。
截至九十學年度為此,計有 4 所護理類職業學校改制為專
科學校。

表 2-3-2　我國高等教育學校數統計表

普通大學				技專校院					
綜合大學 (含學院)		師範校院 (含師大)	體育 藝術	軍事	科技大學		技術學院		專科學校	
國立	私立	國立	國立	國立	國立	私立	國立	私立	國立	私立
17	33	11	6	6	6	6	10	44	5	14

資料來源:教育部高教司(民90)。九十學年度大學校院一覽表。台北:教育部。

以八十九學年度為例（參見表 2-3-3），目前我國就讀專科（五專、二專）與技術學院、科技大學（日間部二技與四技）學生人數約有五十三萬餘人，其中二技部分有 44,068人、四技部分有 48,971 人。另就技術學院、科技大學中的學校屬性來看，私立技院、科大的學生總數無論，在二年制或四年制技部分，皆遠高於國立技院、科大，其比值約為 1：2 至 1：2.5，顯示絕大多數的學生皆就讀於私立技院、科大之中。

表 2-3-3　我國高等技職教育學生數統計表

學制	二年制		大學（四技）		專科		
屬性	國立	私立	國立	私立	二專	五專（前三）	五專（後二）
學生數	14,950	29,118	13,960	35,011	257,171	104,846	82,161
合計	44,068		48,971		444,178		
總計	537,217						

資料來源：教育部（民 89）。89 學年度各級學校概況表。中華民國 91 年 4 月 3
　　　　　日取自教育部網頁：http://www.edu.tw/school/index_a1.htm/ 89 學年
　　　　　度各級學校概況表。

表 2-3-4 顯示目前科技校院中的授課教師與學生的比例。其中，學生總數涵蓋科技校院正規學制（日間部）的所有學生（四技、二技、碩士、博士、附設專科），而教師總數則指科技校院中的所有專任教師，包括教授、副教授、助理教授及講師，助教及兼任教師則不列入其中。

表 2-3-4 我國科技校院師生比統計表

屬性	國立	私立
學生總數（含日間部所有學制）	70310	307568
教師總數（專任教師不含助教）	4008	14276
師生比	17.5424	21.5444

資料來源：教育部（民 89）。大專院校專任教師暨助教人數（89 學年度）資料
　　　　庫。中華民國 91 年 4 月 3 日取自教育部統計處網頁：
　　　　http://www.edu.tw/school/index_a1.htm/大專院校校別學生數 89 學
　　　　年度）資料庫。

貳、科技校院教師結構

　　我國高等教育教師職級（Higher Education Teachers
Level）原本依序分為教授、副教授、講師，及助教等共四
級，在大學法頒布之後，助教已不列為教師系統，而將教師
職級調整為教授、副教授、助理教授，及講師等四級。我國
於 89 學年度共計有科技大學 11 所（合計各職級教師共 3,864
人），以及技術學院 47 所（合計各職級教師共 12,225 人），
教師職級結構的概要分布狀況如表 2-3-5 所示，以下討論將
只探討教授、副教授、助理教授及講師等四個職級結構，而
不就其他類老師（如軍訓護理老師等）及助教進行討論：

表 2-3-5　科技校院教師職級結構一覽表（單位：人次）

屬性			教授	副教授	助理教授	講師	其他	助教	小計	總計
科技大學	男	公	326	718	133	282	68	76	1,603	3,864
		私	54	386	234	523	46	11	1,254	
	女	公	15	98	26	129	18	95	381	
		私	6	77	87	416	19	21	626	
	總計	公	341	816	159	411	86	171	1,984	
		私	60	463	321	939	65	32	1,880	
技術學院	男	公	110	429	62	559	75	49	1284	12,225
		私	130	1,150	619	3,896	359	148	6,302	
	女	公	17	107	14	355	29	62	584	
		私	14	220	157	3,128	142	394	4,055	
	總計	公	127	536	76	914	104	111	1,868	
		私	144	1,370	776	7,024	501	542	10,357	
合計	男	公	436	1,147	195	841	143	125	2,887	16,089
		私	184	1,536	853	4,419	405	159	7,556	
	女	公	32	205	40	484	47	157	965	
		私	20	297	244	3,544	161	415	4,681	
	總計	公	468	1,352	235	1,325	190	282	3,852	
		私	204	1,833	1,097	7,936	566	574	12,237	

資料來源：教育部（民 91）。科技校院教師人數統計。中華民國 91 年 3 月 31 日取自教育部資訊網：http://www.edu.tw/schol/index_al.htm。

一、科技大學和技術學院各職級教師人數分布狀況

　　若不分男女教師別及公私立學校別，而單以各職級教師之總計數來看，從表 2-3-5(a)可以明顯發現，不管是科技大學或是技術學院都是以講師最多，其次則依序為副教授、助

理教授及教授；其次，就平均數來看，雖不管是科技大學或技術學院，在各教師職級的排序上並沒有改變，但可看出在技術學院平均每校的教授、副教授及助理教授人數均明顯少於科技大學，而僅以講師為多。

表 2-3-5(a) 科技大學及技術學院各職級教師分布狀況表

（單位：人次）

分析向度		教授	副教授	助理教授	講師
科技大學 （11 所）	總計數	401	1,279	480	1,350
	平均數	36.45	116.27	43.64	122.73
技術學院 （47 所）	總計數	271	1,906	852	7,938
	平均數	5.77	40.55	18.13	168.89

資料來源：教育部（民 91）。科技校院教師人數統計。中華民國 91 年 3 月 31 日取自教育部資訊網：http://www.edu.tw/schol/index_al.htm。

二、科技大學男性教師及女性教師各職級人數分布狀況

　　就科技大學各職級教師的性別分布狀況來看，從表 2-3-5(b)中可以發現無論在教授、副教授、助理教授，或是講師等各職級，男性教師的人數均多於女性教師。若從男性教師或女性教師佔各職級教師總人數的比例來看，則除了在講師職級部份，男性教師和女性教師所佔比例差距較小外（但男性教師所佔比例仍高於女性教師所佔比例約近 20%），其餘在教授、副教授及助理教授等職級上，男性教師所佔比例均明顯高出女性教師許多，至少超過 50%以上。

表 2-3-5(b) 科技大學不同性別各職級教師分布狀況表

（單位：人次、％）

分析向度		教授	副教授	助理教授	講師	合計
男性	總計數	380	1,104	367	805	2,656
	所佔比例	94.76%	86.32%	76.46%	59.63%	75.67%
女性	總計數	21	175	113	545	854
	所佔比例	5.24%	13.68%	23.54%	40.37%	24.33%

資料來源：教育部（民 91）。科技校院教師人數統計。中華民國 91 年 3 月 31 日
　　　　　取自教育部資訊網：http://www.edu.tw/schol/index_al.htm。

三、技術學院男性教師及女性教師各職級人數分布狀況

　　以技術學院各職級教師的性別分布狀況來看，從表
2-3-5(c)中可以看出類似科技大學各職級教師的性別分布狀
況，無論在教授、副教授、助理教授，或是講師等各職級，
男性教師的人數均多於女性教師。若從男性教師或女性教師
佔各職級教師總人數的比例來看，則除了在講師職級部份，
男性教師和女性教師所佔比例差距較小外（但男性教師所佔
比例也高於女性教師所佔比例 10%以上），其餘在教授、副
教授及助理教授等職級上，男性教師所佔比例均明顯高出女
性教師許多，至少均超過 50%以上。

表 2-3-5(c) 技術學院不同性別各職級教師分布狀況表

（單位：人次、％）

分析向度		教授	副教授	助理教授	講師	合計
男性	總計數	240	1,579	681	4,455	6,955
	所佔比例	88.56%	82.84%	79.93%	56.12%	63.42%
女性	總計數	31	327	171	3,483	4,012
	所佔比例	11.44%	17.16%	20.07%	43.88%	36.58%

資料來源：教育部（民 91）。科技校院教師人數統計。中華民國 91 年 3 月 31 日取自教育部資訊網：http://www.edu.tw/schol/index_al.htm。

四、科技大學公私立學校各職級教師人數分布狀況

　　從科技大學不同屬性學校各職級教師人數的分布狀況來看，可以從表 2-3-5(d)中看出，公立科技大學在教授和副教授兩個職級的教師人數，高於私立科技大學教授和副教授教師人數，但在助理教授和講師兩個職級上，則私立科技大學的教師人數高於公立科技大學。若進一步從各職級每校的平均人數來看，則可以發現，公立科技大學在教授和副教授兩個職級的教師人數，遠超過私立科技大學的教師人數，每校的平均人數超幅約在 40 人左右，而私立科技大學每校平均教師人數，則在助理教授和講師兩個職級為多，且私立科技大學的每校的平均助理教授人數或講師人數，更是公立科技大學每校平均人數的兩倍以上。

表 2-3-5(d) 科技大學不同學校屬性各職級教師分布狀況表

（單位：人次）

分析向度		教授	副教授	助理教授	講師
公立	總計數	341	816	159	411
	平均數	56.83	136	26.5	68.5
私立	總計數	60	463	321	939
	平均數	12	92.6	64.2	187.2

資料來源：教育部（民 91）。科技校院教師人數統計。中華民國 91 年 3 月 31 日取自教育部資訊網：http://www.edu.tw/schol/index_al.htm。

五、技術學院公私立學校各職級教師人數分布狀況

　　就技術學院不同屬性學校各職級教師人數的分布狀況來看，可以從表 2-3-5(e)中看出，私立技術學院不管在教授、副教授、助理教授及講師等職級的教師總計數均高於公立技術學院，但進一步以每校平均人數來看，則呈現如公私立科技大學類似的分布情形，公立技術學院在教授及副教授職級方面的每校平均人數均高於私立技術學院，而私立技術學院則在助理教授及副教授職級方面的每校平均人數高於公立技術學院。

表 2-3-5(e) 技術學院不同學校屬性各職級教師分布狀況表

（單位：人次）

分析向度		教授	副教授	助理教授	講師
公立	總計數	127	536	76	914
	平均數	15.88	67	9.5	114.25
私立	總計數	144	1,370	776	7,024
	平均數	3.69	35.13	19.90	180.10

資料來源：教育部（民 91）。科技校院教師人數統計。中華民國 91 年 3 月 31 日取自教育部資訊網：http://www.edu.tw/schol/index_al.htm。

　　綜合上述不同向度的分析，我們可以從中歸納出相似之處，包括：（1）不分教師性別和學校屬性，則科技大學教師職級平均高於技術學院；（2）無論科技大學或技術學院，男性教師的教師職級平均皆高於女性，且公立學校教師職級平均皆高於私立學校。

第三章　研究設計與實施

　　本研究主要目的在瞭解技術校院教師對教學發展的相關議題，本章主要針對本研究之研究設計及研究實施進行說明，共分為五個部份進行說明。

第一節　研究架構

　　本研究旨在探討技術校院教師對於教學發展之看法，首先依教學發展的相關知能（可分為任教學科知識、教學情境知識、教學法知識、學生特性知識、教育目標與教育價值知識、課程知識）與教學發展相關活動編擬問卷，並完成調查。茲將本研究之架構繪於圖 3-1-1。

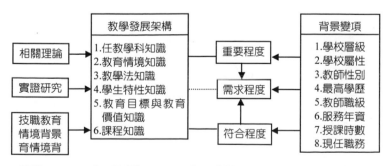

說明：　→　表示影響；　——　表示直接呈現；　┄┄┄　表示間接呈現

圖 3-1-1　技術校院教師教學發展

　　有鑒於技術校院教師由於背景不同，對於教師教學發展相關知能與活動可能有不同之認知，亦本於個人的價值觀念與心理需求而有不同的看法，因此，本研究以技術校院教師對於教學發展知能與活動之「重要程度」與「現況符合程度」，來做為測量教師教學發展認知的依據。另有關教學發展需求的評估（needs assessment），為了避免填答者將「想要」（want）視為「需求」（need）之虞（Swanson & Gradous, 1986; Camp, Blanchard, & Huszczo, 1986），問卷的設計並未直接問取填答者的需求，而是將填答者對該題項「重要程度」與「個人目前符合程度」的認知差距視為該填答者的需求，前兩者的認知差距越小，則「需求程度」較小，表示教師現況認知頗能符應其對該題項的重要程度認知；反之，則表示教師的現況認知與其重要程度認知有較大的落差存在，此種「需求程度」的資訊可作為各技術校院行政當局訂定或修正其教師教學發展內涵的參考，亦可作為技術校院規劃教學發展課程的重要參考。

第二節　研究方法與流程

　　為了說明本研究所使用之研究方法及實施過程，本小節主要針對本研究之研究方法及研究流程進行說明，並繪製流程圖如圖 3-2-1 所示。

壹、研究方法

　　根據以上研究架構，為求達成本研究的「研究目的」，本研究所採用的研究方法涵蓋了文獻分析法及問卷調查法。

　　文獻分析法乃用以分析中外學者有關教師專業成長之理論與主張，探討以往有關教師教學發展的研究方法與研究發現，以及分析國內外各級教育的教學能力指標等。因此，文獻分析的主要目的在於釐清教師教學發展的性質，並分析其內涵，以作為編製調查量表的理論依據，預為實證調查研究作準備。質言之，文獻分析法的作用乃在於配合實證調查，並作為調查問卷編製的參考。

　　問卷調查法實施的目的，乃在於徵詢有關人士對於某項問題之意見與態度，然後觀察多數人的意見，比較多數人的看法，進而分析其趨向。本研究係利用問卷調查法以探討技術校院教師對於教學發展相關知能與活動的認知與現況，並分析不同的教師背景變項對於重要程度認知、現況認知及此兩者差異情形的影響。

綜而言之，本研究依據文獻分析結果，編製「技術校院教師教學發展需求調查問卷」（預試問卷），經信、效度考驗後修改為「技術校院教師教學知能發展調查問卷」（正式問卷），以做為問卷調查的工具。

貳、研究流程

為了說明本研究之實施過程，本小節主要針對本研究之研究流程進行說明，並繪製流程圖如圖 3-2-1 所示。

研究初進行時的主要工作在確認研究進行方向及探討相關文獻等，以界定本研究之研究問題，以確定本研究之研究動機及研究目的。為了使研究方向、研究目的及研究問題等更加明確，在詳細蒐集閱讀過去相關研究之後，確定本研究之研究範圍及研究架構。

待完成上述階段工作後，為了瞭解本研究所欲解答的問題，因此除了根據研究範圍及研究架構決定所使用的研究方法以外，更進一步據以發展本研究之研究工具，並針對所設定的研究對象進行施測工作，以蒐集到本研究所需的相關資料。在進行施測的同時，也依據每次施測所蒐集的資料來修訂研究工具，直到研究工具兼具良好的信效度及試題品質為止。最後根據本研究之分析結果，提出結論與建議。

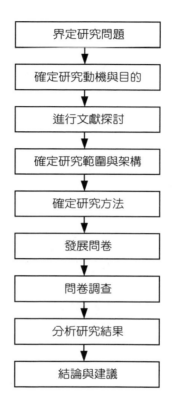

圖 3-2-1　技術校院教師教學發展研究流程圖

第三節　研究對象與研究工具

　　本節旨在說明本研究進行調查時調查對象的確定、樣本的選取，以及調查後收回的有效樣本的結構。其次，亦針對研究工具（量表）的編製過程加以說明。

壹、研究對象

　　本研究的調查對象為全國技術校院之任教教師，依教育部（民 91）出版之「九十學年度公私立技職學校一覽表：科技大學、技術學院、專科學校」統計，台灣地區現有技術校院（不含專科學校）共 67 所，計有科技大學 12 所（國立6 所，私立 6 所）及技術學院 55 所（國立 11 所，私立 44所），其中剔除 90 學年度甫改制之技術校院（國立技術學院 1 所，私立技術學院 4 所），共計研究母體為 62 所技術校院。要調查各校老師對教學發展的看法，最理想的方式是採取全面調查的方式，惟此種方法費時費事，且所費不貲，因此，包括學校層級（科技大學、技術學院）及學校屬性（國立、私立）等狀況，以分層隨機方式決定受試學校樣本。抽樣過程中，首先就與本研究有關的階層分為國立科技大學、私立科技大學、國立技術學院與私立技術學院等四層；其次，本研究以 1/2 的比例決定每個階層所應抽取的學校數；最後在每個階層中，為考量學校所屬地區的差異，先將各校依其所屬縣市歸類並排序，利用系統抽樣的方式，隨機選取擬受試的學校樣本。茲就學校樣本之抽樣情形描述如表3-3-1 所示。

表 3-3-1 本研究調查對象（學校樣本）一覽表

學校特性	科技大學				技術學院			
	國立		私立		國立		私立	
所屬縣市	原有校數	抽取校數	原有校數	抽取校數	原有校數	抽取校數	原有校數	抽取校數
累計	6	3	5	2	10	5	41	20

以上合計共選取 30 所大學，佔全部技術校院之 45％。其中，國立科技大學 3 所，佔全部科技大學（11 所）之 27％、國立技術校院（16 所）之 19％；私立科技大學 2 所，佔全部科技大學（11 所）之 18％、私立技術校院（46 所）之 4％；國立技術學院 5 所，佔全部技術學院（51 所）之 10％、國立技術校院（16 所）之 31％；私立技術學院 20 所，佔全部技術學院（51 所）之 39％、私立技術校院（46 所）之 43％。

決定上述受試學校之後，由研究者親自電話請託被取樣學校之教務長、課務組長或相關職務代理人，說明此研究之重要性以及請求協助之項目後，利用郵寄方式將問卷寄至學校，由教務長、課務組長等協助施測，並委請其就學校教師名錄中，以隨機方式抽取 35 位教師。此外，亦在每份研究調查問卷中說明研究目的，冀能得到受試教師的協助與合作。

問卷寄發約十天後，開始對回卷數量在 30 份以下及未回卷學校追蹤催卷。追縱的方式以郵寄催收信函為主，少部分則以電話聯絡催卷。問卷於九十一年四月中旬寄發，於五月上旬截止收卷。統計問卷回收情形，共計發出問卷 1,050 份，回收後有效問卷 770 份，有效問卷回收率為 73.3%。

貳、研究工具

　　有鑑於過去相關之研究工具無論在施測對象、量表構面或題數等各方面並不十分適合，因此本研究在參酌國內外相關研究後，以研究者自編之「技術校院教師教學知能發展調查問卷」做為主要之研究工具，以下針對量表發展過程進行說明。

一、發展問項

　　根據國內外文獻探討及相關資料之蒐集後發現，儘管目前與教師專業成長或教學發展議題相關的研究相當多，但就技術校院教師之教學發展而言，卻沒有合適之量表可供使用與修改。因此，本研究乃決定以國內外之相關研究及文獻資料為基礎，自行編製「技術校院教師教學知能發展調查問卷」作為研究工具。

　　「技術校院教師教學知能發展調查問卷」係由「技術校院教師教學發展需求調查問卷」（以下簡稱「預試問卷」）修訂而來。有關「預試問卷」的發展，本研究係採酌自 Lee S. Shulman 在 1987 年發表的「教學知識之改革基礎」（Knowledge and Teaching: Foundations of the New Reform）中有關教師知識的分類基礎（Categories of the Teacher Knowledge Base）（p. 8）為主要架構，將技術校院教師教學發展的內涵分為任教學科知識、教學知識（含 general pedagogical knowledge 及 pedagogical content knowledge）、教育情境知識、學生特性知識、教育目的與教育價值知識、

與課程知識等六大類，然後分就這六大類架構參酌馮丹白等
（民 90）、林生傳等（民 90）及廖年淼（民 91）等人之研
究成果發展各架構下的細項，綜合彙整出 62 個題項，如表
3-3-2 所示。

表 3-3-2　本研究預試問卷之構面與題項參照表

構面別	「預試問卷」教學知能題項內容
任教學科知能	1 能夠精通任教學科之專業知識 2 能夠通曉其他學科之相關知識 3 能夠瞭解任教科系相關行（職）業的未來發展 4 能夠具備任教領域相關業界的實務經驗 5 能夠瞭解任教領域相關職場的工作倫理
教育情境知能	6 能夠瞭解技職教育的相關概念 7 能夠瞭解技職教育的發展趨勢 8 能夠瞭解相關產業的概況與未來發展趨勢 9 能夠瞭解當前技職教育和社會、經濟等之間的互動關係 10 能夠瞭解在教學上可運用的社區資源及相關產業資源
教學法知能	11 能夠妥善地做好課前準備 12 能夠撰寫合適的教學計畫 13 能夠提供明確的教學進度表 14 能夠運用各種教學媒體進行教學 15 能夠規劃多元的教學活動 16 能夠傾聽並真正瞭解學生的表達或發言 17 能夠掌握學生的出缺席及上課狀況 18 能夠營造生動活潑的上課氣氛

表 3-3-2　本研究預試問卷之構面與題項參照表（續 1 ）

構面別	「預試問卷」教學知能題項內容
	19 能夠與學生建立良好的互動關係
	20 能夠給予學生充分思考與表達的機會
	21 能夠尊重學生的想法與感受
	22 能夠條理分明地表達自己的想法
	23 能夠正確、妥適地運用板書
	24 能夠以清晰及足夠的音量進行教學
	25 能夠明確交待課業要求，不會反覆多變
	26 能夠有系統地呈現教學內容
	27 能夠有效掌控學期教學進度與上課時間分配
	28 在上課時能夠精準的掌握教學內容不偏離主題
	29 能夠客觀公正的評量學生之學習成就
	30 能夠將生活實例或實務經驗融入教材中
	31 能夠依據教學需要，適時提供補充教材
	32 能夠熱愛目前的教學工作
	33 能夠以幽默風趣的方式進行教學
	34 能夠適時給予學生鼓勵與指導
	35 能夠親切誠懇的回答學生問題
	36 能夠做到不輕視、辱罵或諷刺學生
	37 能夠對於學生想法或表達保持中立客觀的立場
	38 對待學生能夠做到公平而不偏心
	39 能夠提供足夠的課後諮詢時間
	40 能夠隨意調課或隨意找人代課
學生特性知能	41 能夠瞭解技術校院學生的學習特性
	42 能夠掌握非本科系學生的特性，提供必要的學習協助
	43 能夠瞭解班上學生學科能力程度的個別差異
	44 能夠瞭解技術校院學生的興趣與需求
	45 能夠配合學生特性採取適當的評量方式
教育目標與教育價值知能	46 能夠瞭解整體技職教育的教育目標
	47 能夠瞭解任教學校的特色及教育目標
	48 能夠瞭解任教科系的教育目標
	49 能夠增強學生的實務或實作能力

表 3-3-2 本研究預試問卷之構面與題項參照表（續2）

構面別	「預試問卷」教學知能題項內容
	50 能夠啟發學生的學習興趣
	51 能夠培養學生獨立學習的能力
	52 能夠增強學生資料蒐集的能力
	53 能夠增強學生分析、綜合、邏輯的能力
	54 能夠增進學生創意思考的能力
	55 能夠有助於學生發展問題解決的能力
	56 能夠滿足學生的就業需求
	57 能夠滿足學生的升學需求
	58 能夠瞭解課程與教育目標之間的關係
	59 能夠具備任教領域課程的相關概念
課程知能	60 能夠瞭解任教科系整體的課程架構
	61 能夠瞭解任教領域課程之間的銜接與聯繫
	62 能夠實際進行任教領域課程之規劃設計

二、預試問卷內容

「預試問卷」主要由三大部分構成，第一部分為填表說明，說明本研究的性質與用途。第二部分為量表的主體，包括 62 項教學發展知能（分屬「任教學科知識」、「教學情境知識」、「教學法知識」、「學生特性知識」、「教育目標與教育價值知識」、「課程知識」等六個構面）、7 項教學發展活動辦理現況及 4 個教學發展活動期望形式。第三部分為基本資料。以下僅就第二部分（含教學發展知能、辦理現況、期望形式）及第三部份（基本資料）詳述如后：

（一）教學發展知能部份

本研究對於「教學知能」的定義，係參酌 Shulman（1987）

的研究結論，而將技術校院教師的教學發展知能分為「任教學科知識」、「教學情境知識」、「教學法知識」、「學生特性知識」、「教育目標與教育價值知識」及「課程知識」等六類。

　　其中，「任教學科知識」包括了「能夠精通任教學科之專業知識」等 5 個問項；「教學情境知識」包括了「能夠瞭解技職教育的相關概念」等 5 個問項；「教學法知識」包括了「能夠妥善地做好課前準備」等 30 個問項；「學生特性知識」包括了「能夠瞭解技術校院學生的學習特性」等 5 個問項；「教育目標與教育價值知識」包括了「能夠瞭解整體技職教育的教育目標」等 12 個問項；「課程知識」包括了「能夠瞭解課程與教育目標之間的關係」等 5 個問項。

　　預試問卷之計分方式分成「重要程度」與「符合程度」兩部分。「重要程度」部分的回答，由受試教師在閱讀每一問項之後，自行判斷問項所陳述的教學知能對其教學的重要性程度如何，各問項填答「非常重要」者獲得 4 分，答「重要」者獲得 3 分，答「不重要」者獲得 2 分，答「非常不重要」者獲得 1 分。

　　另外，為使問卷達到簡約但卻蒐集到豐富資訊的目的，在設計時即將教學知能的重要性與其目前教學的符合程度同列在同一問卷上進行調查。當教師閱讀完問卷上的每一道問項，並且判斷其重要性以後，隨即請其依據自己的教學情形，判斷自己與問項所述情形的符合程度如何，而在「非常符合」至「非常不符合」的四個連續選項上，勾選一種，凡選填「非常符合」者獲得 4 分，答「符合」者獲得 3 分，答

「不符合」者獲得 2 分，答「非常不符合」者獲得 1 分。

　　此外，有鑒於技術校院教師由於背景不同，對於教師教學發展相關知能與活動可能有不同之認知，亦本於個人的價值觀念與心理需求而有不同的看法，因此本研究以技術校院教師對於教學發展知能與活動之「重要程度」與「現況符合程度」，來做為測量教師教學發展認知的依據。另有關教學發展需求的評估（needs assessment），為了避免填答者將「想要」（want）視為「需求」（need）之虞（Swanson & Gradous, 1986; Camp, Blanchard, & Huszczo, 1986），問卷的設計並未直接問取填答者的需求，而是將填答者對該題項「重要程度」與「個人目前符合程度」的認知差距視為該填答者的需求，前兩者的認知差距越小，則「需求程度」較小，表示教師現況認知頗能符應其對該題項的重要程度認知；反之，則表示教師的現況認知與其重要程度認知有較大的落差存在，此種「需求程度」的資訊可作為各技術校院行政當局訂定或修正其教師教學發展內涵的參考，亦可作為技術校院規劃教學發展課程的重要參考。

（二）教學發展辦理現況部份

　　這一部份最主要目的在於瞭解目前各技術校院對於教師教學發展活動之辦理現況及教師對於這些活動的重要性認知。本研究依據文獻探討找出目前各大專院校所辦理有關於提升教師教學成效的活動，計有「舉辦教學研討會」、「出版教學刊物」、「成立專責單位」、「調查教師教學需求」、「教學優良教師獎勵辦法」、「安排校內外研習」及「進行

教學意見調查」等七大項。

　　預試問卷之計分方式亦分成「重要程度」與「符合程度」兩部分。「重要程度」部分的回答，由受試教師在閱讀每一問項之後，自行判斷問項所陳述的教學發展活動對教學知能發展的重要性程度如何，各問項填答「非常重要」者獲得 4 分，答「重要」者獲得 3 分，答「不重要」者獲得 2 分，答「非常不重要」者獲得 1 分。

　　此外，當教師閱讀完問卷上的每一個問項，並且判斷重要性以後，隨即請其依據任教學校的實際辦理狀況，在「非常符合」至「非常不符合」的四個連續選項上加以勾選，凡選填「非常符合」者獲得 4 分，答「符合」者獲得 3 分，答「不符合」者獲得 2 分，答「非常不符合」者獲得 1 分。

（三）技術校院教師背景資料部份

　　本問卷之教師背景資料包括學校層級、學校屬性、教師性別、年齡、最高學歷、教師職級、服務年資、每週授課時數、主要任教領域、現任職務等十項。

　　1.學校層級：分科技大學、技術學院二類。

　　2.學校屬性：分國立、私立二類。

　　3.教師性別：分男性、女性二類。

　　4.最高學歷：不同學歷程度之技術校院教師，其對教學發展的看法與現況有無差異，誠為值得研究的問題。因此，本研究將技術校院教師的學歷區分為：❶博士，❷碩士，❸學士，❹專校畢業等四個組別。

　　5.教師年齡：本研究將教師年齡分為：❶21 歲至 30 歲，❷31 歲至 40 歲，❸41 歲至 50 歲，❹51 歲至 60 歲，❺61 歲

以上等五個組別。

6.教師職級：不同職級之技術校院教師，其對教學發展的看法與現況有無差異，亦值得加以探討。本研究將教師的職級分為：❶教授，❷副教授，❸助理教授，❹講師等四個組別。

7.服務年資：不同年資之技術校院教師，其對教學發展的看法與現況有無差異，誠為值得加以探討的問題。本研究將教師的教學年資分為：❶未滿 5 年，❷5 年至未滿 10 年，❸10 年至未滿 15 年，❹15 年至未滿 20 年，❺20 年以上等五個組別。

8.授課時數：每週不同的授課時數，是否會影響技術校院教師對於教學發展的看法與現況之認知，實為值得深入探討的問題。因此，本研究將教師的每週授課時數分為：❶6 小時以下，❷7 小時至 9 小時，❸10 小時至 12 小時，❹13 小時至 15 小時，❺16 小時以上等五個組別。

9.任教領域：分為❶工業類，❷農業類，❸商業類，❹藝術類，❺家事類，❻外語類，❼餐旅類，❽海事水產類，❾醫護類，❿文史哲、數理與通識學科等十個組別。

10.兼任職務：是否兼任行政主管職務的技術校院教師，對於教學發展的看法與現況有無差異，誠為值得加以探討的問題。本研究首先將教師依其任務性質分為三類，分別為「專任教師未兼行政主管」、及「專任職員兼行政主管」。而第二類「專任教師兼行政主管」則又可細分為教務主管（教務長、組長）、院系主管（院長、主任）及其他主管；第三類「專任職員兼行政主管」則主要指教務部分，包括課務組

長、註冊組長及其他組長。

三、預試實施

（一）預試樣本

　　「預試問卷」編妥後，為恐其形式、文字敘述不盡完善，不為技術校院教師所瞭解，遂以四所技術校院（包含公、私立科技大學及公、私立技術學院各一所）為預試學校，委託該校一位教師負責協助施測，並請其以隨機方式抽取 35 位教師。

　　本研究共抽得預試樣本總計 140 位技術校院教師進行預試。問卷回收 114 份，遺漏值之處理採用「依分析排除觀察值」的方式，因此合計有效樣本為 114 份，回收率為81.43%，可使用率100%。樣本分佈情形，詳如表 3-3-3 所示。

表 3-3-3　預試問卷調查樣本回收率統計表

校名	發出份數	回收份數	回收率	可使用率
某國立科大	35	20	57%	100%
某私立科大	35	35	100%	100%
某國立技術學院	35	24	69%	100%
某私立技術學院	35	35	100%	100%

（二）預試分析與選題

　　預試問卷經施測後，分別以重要性分析、相關分析、因素分析與信度分析作為篩選問項的依據。

1.重要性分析：

　　以預試問卷施測結果，按各問項「重要程度」的平均分

數與全量表「重要程度」的平均得分之差距，除以其標準差後的比值做為選題的標準，擬以所得比值較高者做為刪題之參考。另為考量最終量表的題目數量，本研究以比例方式做為刪題考量，其中，「任教學科知識」、「教育情境知識」、「學生特性知識」、「課程知識」由於預試問卷題目數較少，故刪題比例為 1/5；「教學法知識」和「教育目標知識」預試問卷題目數較多，故刪題比例為 1/3。

由表 3-3-4 所示，預試問卷依重要性為依據擬刪題項包括有：「任教學科知識」一題、「教育情境知識」一題、「教學法知識」九題、「學生特性知識」一題、「教育目標知識」五題及「課程知識」一題，共計十八題。

表 3-3-4 「技術校院教師教學發展需求調查問卷」（預試）重要性
　　　　 分析一覽表

題號	任教學科知識	教育情境知識	教學法知識	學生特性知識	教育目標知識	課程知識	擬刪題項
1	.59						
2	.67						刪去
3	.20						
4	.01						
5	.06						
6		.25					刪去
7		.23					
8		.18					
9		.13					
10		.14					

表 3-3-4 「技術校院教師教學發展需求調查問卷」（預試）重要性
分析一覽表（續 1 ）

題號	任教學科知識	教育情境知識	教學法知識	學生特性知識	教育目標知識	課程知識	擬刪題項
11			.59				刪去
12			.24				刪去
13			.03				
14			.01				
15			.18				刪去
16			.14				
17			.24				刪去
18			.14				
19			.12				
20			.06				
21			.26				
22			.20				
23			.25				刪去
24			.12				
25			.25				刪去
26			.09				
27			.15				
28			.22				刪去
29			.14				
30			.03				
31			.02				
32			.06				
33			.38				刪去
34			.14				
35			.15				
36			.09				
37			.07				
38			.04				

表 3-3-4　「技術校院教師教學發展需求調查問卷」（預試）重要性
分析一覽表（續 2）

題號	任教學科知識	教育情境知識	教學法知識	學生特性知識	教育目標知識	課程知識	擬刪題項
39			.13				
40			.23				刪去
41				.11			
42				.25			刪去
43				.15			
44				.22			
45				.17			
46					.27		刪去
47					.04		
48					.21		刪去
49					.12		
50					.13		
51					.20		刪去
52					.09		
53					.25		刪去
54					.07		
55					.14		
56					.06		
57					.16		刪去
58						.27	刪去
59						.09	
60						.08	
61						.08	
62						.11	

2.各構面、各題項與總量表之積差相關分析

　　以「技術校院教師教學發展需求調查問卷」預試問卷施
測結果，分別以「符合程度部分」各問項之構面及總量表、
各構面與總量表之間與進行皮爾森積差相關分析，探討其彼
此間之相關程度，瞭解研究問卷之試題結構及進行挑選適當
問項之基礎。

（1）各構面與總量表之內在相關

　　考驗「技術校院教師教學發展需求調查問卷」（預試問卷）的內在結構相關發現，各構面與總量表內在相關之相關程度分別為 .649、.725、.943、.840、.890、.820，且均達顯著水準（詳見表 3-3-5 所示），可見本量表之內在結構良好。

表 3-3-5　預試問卷各構面與總量表之內在相關摘要表

構面別	任教學科知識	教育情境知識	教學法知識	學生特性知識	教育目標知識	課程知識
總量表	.649**	.725**	.943**	.840**	.890**	.820**

**P<.01

（2）各問項與各構面及總量表之內在相關

　　另以預試問卷結果進行各問項之相關分析，以考驗各題與各構面及總量表之內在相關（詳表 3-3-6），作為正式問卷選題之依據，另外，本研究亦設定「各問項」與「分構面」之相關程度低於 .70 為考量刪題的參照標準。

　　「任教學科知識」方面（包括第 1、2、3、4、5 題），各題與「任教學科知識分量表」相關程度均達 .01 之顯著水準，相關程度由 .640 至 .827；各題與「技術校院教師教學發展需求總量表」之相關程度亦均達 .01 之顯著水準，相關程度從 .640 至 .827，其中第 1 題與分量表總分之相關程度低於 .70，達可考慮刪除之參照標準。

　　「教育情境知識」方面（包括第 6、7、8、9、10 題），各題與「教育情境知識分量表」相關程度均達 .01 之顯著水準，相關程度由 .747 至 .886；各題與「技術校院教師教學

發展需求總量表」之相關程度亦均達 .01 之顯著水準，相關
程度從 .441 至 .644，所有的題目與分量表總分之相關程度
皆未低於 .70，所以沒有可刪除的題項。

　　「教學法知識」方面，其所有問項（第 11 題至第 40 題）
與「教學法知識分量表」相關程度均達 .01 之顯著水準，相
關程度由 .567 至 .777；各題與「技術校院教師教學發展需
求總量表」之相關程度亦均達 .01 之顯著水準，相關程度
從 .397 至 .747，其中各題與分量表總分之相關程度低
於 .70 的題項包括第 11、12、13、14、15、16、17、18、
20、21、23、24、25、30、31、36、39 等題，詳見表 3-3-6
所示。

　　「學生特性知識」方面（包括第 41、42、43、44、45
題），各題與「學生特性知識分量表」相關程度均達 .01 之
顯著水準，相關程度由 .762 至 .888；各題與「技術校院教
師教學發展需求總量表」之相關程度亦均達 .01 之顯著水
準，相關程度從 .676 至 .750，所有題目與分量表總分之相
關程度皆未低於 .70，所以沒有可刪除的題項。

　　「教育目標與教育價值知識」方面（包括第 46、47、
48、49、50、51、52、53、54、55、56、57 題），各題與
「教育目標與教育價值知識分量表」相關程度均達 .01 之顯
著水準，相關程度由 .635 至 .819；各題與「技術校院教師
教學發展需求總量表」之相關程度亦均達 .01 之顯著水準，
相關程度從 .469 至 .725，其中第 46、48、49、56 題與分
量表總分之相關程度低於 .70，可考慮刪除，詳見表 3-3-6
所示。

　　「課程知識」方面（包括第 41、42、43、44、45 題），各題與「課程知識分量表」相關程度均達 .01 之顯著水準，相關程度由 .865 至 .923；各題與「技術校院教師教學發展需求總量表」之相關程度亦均達 .01 之顯著水準，相關程度從 .690 至 .758，所有題目與分量表總分之相關程度皆未低於 .70，所以沒有可刪除的題項，詳見表 3-3-6 所示。

表 3-3-6 「技術校院教師教學發展預試問卷」題項與各構面及總量表之相關

題號	任教學科知識	教育情境知識	教學法知識	學生特性知識	教育目標知識	課程知識	總量表
1	.640**						.353**
2	.798**						.548**
3	.734**						.476**
4	.827**						.592**
5	.778**						.461**
6		.747**					.634**
7		.800**					.609**
8		.751**					.441**
9		.886**					.644**
10		.792**					.559**

表 3-3-6 「技術校院教師教學發展預試問卷」題項與各構面及總
量表之相關（續1）

題號	任教學科知識	教育情境知識	教學法知識	學生特性知識	教育目標知識	課程知識	總量表
11			.618**				.622**
12			.614**				.605**
13			.665**				.645**
14			.600**				.654**
15			.639**				.680**
16			.628**				.653**
17			.629**				.642**
18			.657**				.617**
19			.707**				.634**
20			.695**				.674**
21			.674**				.615**
22			.739**				.676**
23			.567**				.397**
24			.578**				.435**
25			.688**				.597**
26			.700**				.691**
27			.728**				.591**
28			.711**				.628**
29			.743**				.667**
30			.683**				.558**
31			.699**				.579**
32			.710**				.669**
33			.703**				.610**
34			.716**				.619**
35			.726**				.613**
36			.670**				.660**
37			.777**				.747**
38			.751**				.708**
39			.625**				.558**
40			.710**				.605**

表 3-3-6 「技術校院教師教學發展預試問卷」題項與各構面及總量表之相關（續2）

題號	任教學科知識	教育情境知識	教學法知識	學生特性知識	教育目標知識	課程知識	總量表
41				.762**			.750**
42				.820**			.676**
43				.874**			.692**
44				.888**			.707**
45				.823**			.687**
46					.655**		.711**
47					.726**		.641**
48					.691**		.600**
49					.667**		.595**
50					.805**		.725**
51					.752**		.693**
52					.732**		.615**
53					.760**		.695**
54					.801**		.678**
55					.819**		.699**
56					.635**		.469**
57					.759**		.653**
58						.865**	.758**
59						.890**	.728**
60						.881**	.706**
61						.868**	.690**
62						.923**	.743**

**P<.01

3.因素分析

以「技術校院教師教學發展需求調查問卷」預試問卷施測結果，找出各因素之因素負荷量，藉以做為挑選適當問項的依據。分析方式採用主成份分析（Principal Component Analysis），依各分構面內之問項，分別以斜交轉軸的方式進行因素分析，以特徵值大於 1 之條件做為選入因素之參考標準，其因素分析結果如后所述。

「任教學科知識」方面，因素分析抽取一個因素，其特徵值為 2.88，可解釋任教學科知識 57.50%，因素負荷量自 .648 至 .823，詳見表 3-3-7 所示。由於本構面問項只有五題，所以因素分析不作為此構面刪題之依據。

「教育情境知識」方面，因素分析抽取一個因素，其特徵值為 3.18，可解釋教育情境知識 63.55%，因素負荷量自 .747 至 .890，詳見表 3-3-7 所示。由於本構面問項只有五題，所以因素分析不作為此構面刪題之依據。

「教學法知識」方面，因素分析抽取五個因素，其特徵值分別為 5.08、4.95、3.30、3.16、2.72，可解釋教學法知識 64.01%，因素負荷量自 .648 至 .823，詳見表 3-3-7 所示。由於本構面問項繁多，為簡化問項之數目，故以負荷量小於 .60 為刪題之標準，亦即保留因素負荷量大於 .60 之問項，而刪除因素負荷量小於 .60 的問項。依此一標準，刪除的問項包括第 11、12、13、14、15、16、17、18、21、23、24、25、30、36、39 題。

「學生特性知識」方面，因素分析抽取一個因素，其特徵值為 3.49，可解釋學生特性知識 69.70%，因素負荷量

自 .756 至 .895，詳見表 3-3-7 所示。由於本構面問項只有五題，所以因素分析不作為此構面刪題之依據。

「教育目標與教育價值知識」方面，因素分析抽取二個因素，其特徵值分別為 6.50 與 1.17，可解釋教育目標與教育價值知識 63.89%，因素負荷量自 .708 至 .840，詳見表 3-3-7 所示。本構面問項計有十二題，透用因素分析結果，選取因素負荷量最低的三個問項做為刪題的參考，此三個問項分別為第 46、51、56 題。

「課程知識」方面，因素分析抽取一個因素，其特徵值為 3.92，可解釋課程知識 78.42%，因素負荷量自 .866 至 .924，詳見表 3-3-7 所示。由於本構面問項只有五題，所以因素分析不作為此構面刪題之依據。

表 3-3-7 「技術校院教師教學發展預試問卷」之因素分析摘要表

構面	題次內容	因素負荷量	特徵值	解釋變異量
任教學科知識	1 能夠精通任教學科之專業知識	.648		
	2 能夠通曉其他學科之相關知識	.807		
	3 能夠瞭解任教科系相關行（職）業的未來發展	.729	2.88	57.50%
	4 能夠具備任教領域相關業界的實務經驗	.823		
	5 能夠瞭解任教領域相關職場的工作倫理	.772		
教育情境知識	6 能夠瞭解技職教育的相關概念（科系分類與內涵等）	.747		
	7 能夠瞭解技職教育的發展趨勢	.798		
	8 能夠瞭解相關產業的概況與未來發展趨勢	.761	3.18	63.55%
	9 能夠瞭解當前技職教育和社會、經濟等之間的互動關係	.890		
	10 能夠瞭解在教學上可運用的社區資源及相關產業資源	.782		
教學法知識（接下頁）	29 能夠客觀公正的評量學生之學習成就	.481		
	33 能夠以幽默風趣的方式進行教學	.580		
	34 能夠適時給予學生鼓勵與指導	.769		
	35 能夠親切誠懇的回答學生問題	.800		
	36 能夠做到不輕視、辱罵或諷刺學生	.513	5.08	64.01%
	37 能夠對於學生想法或表達保持中立客觀的立場	.633		
	38 對待學生能夠做到公平而不偏心	.708		
	40 能夠不隨意調課或隨意找人代課	.688		

表 3-3-7 「技術校院教師教學發展預試問卷」之因素分析摘要表
（續2）

構面	題次內容	因素負荷量	特徵值	解釋變異量
教學法知識（承上頁）	16 能夠傾聽並真正瞭解學生的表達或發言	.569		
	17 能夠掌握學生的出缺席及上課狀況	.545		
	18 能夠營造生動活潑的上課氣氛	.695		
	19 能夠與學生建立良好的互動關係	.687		
	20 能夠給予學生充分思考與表達的機會	.595	4.95	
	21 能夠尊重學生的想法與感受	.654		
	22 能夠條理分明的表達自己的想法	.530		
	30 能夠將生活實例或實務經驗融入教材中	.572		
	32 能夠熱愛目前的教學工作	.487		
	26 能夠有系統地呈現教學內容	.559		
	27 能夠有效掌控學期教學進度與上課時間分配	.558		
	28 在上課時能夠精準的掌握教學內容不偏離主題	.575	3.30	
	31 能夠依據教學需要，適時提供補充教材（如講義等）	.471		
	39 能夠提供足夠的課後諮詢時間（office hours）	.492		
	11 能夠妥善地做好課前準備	.732		
	12 能夠撰寫合適的教學計畫	.720		
	13 能夠提供明確的教學進度表	.659	3.16	
	14 能夠運用各種教學媒體進行教學	.668		
	15 能夠規劃多元的教學活動	.556		
	23 能夠正確、妥適的運用板書	.752		
	24 能夠以清晰及足夠的音量進行教學	.626	2.72	
	25 能夠明確交待課業要求，不會反覆多變	.601		

表 3-3-7　「技術校院教師教學發展預試問卷」之因素分析摘要表
（續 3 ）

構面	題次內容		因素負荷量	特徵值	解釋變異量
學生特性知識	41	能夠瞭解技術校院學生的學習特性	.756		
	42	能夠掌握非本科系學生的特性，提供必要的學習協助	.806		
	43	能夠瞭解班上學生學科能力程度的個別差異	.875	3.49	69.70%
	44	能夠瞭解技術校院學生的興趣與需求	.895		
	45	能夠配合學生特性採取適當的評量方式	.835		
教育目標與教育價值知識知識	46	能夠瞭解整體技職教育的教育目標	.762		
	47	能夠瞭解任教學校的特色及教育目標	.840		
	48	能夠瞭解任教科系的教育目標	.765	6.50	
	49	能夠增強學生的實務或實作能力	.792		
	50	能夠啟發學生的學習興趣	.777		
	51	能夠培養學生獨立學習的能力	.708		63.89%
	52	能夠增強學生資料蒐集的能力	.809		
	53	能夠增強學生分析、綜合、邏輯的能力	.775		
	54	能夠增進學生創意思考的能力	.817	1.17	
	55	能夠有助於學生發展解決問題的能力	.831		
	56	能夠滿足學生的就業需求	.753		
	57	能夠滿足學生的升學需求	.815		
課程知識	58	能夠瞭解課程與教育目標之間的關係	.866		
	59	能夠具備任教領域課程設計的相關概念	.891		
	60	能夠瞭解任教科系整體的課程架構	.882	3.92	78.42%
	61	能夠瞭解任教領域課程之間的銜接與聯繫	.864		
	62	能夠實際進行任教領域課程之規劃設計	.924		

4.信度分析

　　以「技術校院教師教學發展需求調查問卷」預試問卷施測結果，進行「符合程度部分」各構面內容的一致性分析，

求出 Cronbach α 係數以瞭解研究問卷之內部一致性，並且探討各題刪題後之 α 係數，瞭解研究問卷之信度及挑選適當之問項。

　　經考驗預試問卷各構面與總量表的內部一致性後發現，各構面 Cronbach α 係數高達.8145、.8556、.9589、.8897、.9224、.9309，顯示本量表之總量表及各分構面內部一致性高，信度亦佳；此外，也深入瞭解每題之「校正後項目整體相關」及「單題刪除後 α 係數情形」，以作為編製正式問卷刪題之依據。本研究之信度分析情形，詳見於表 3-3-8，以下即針對信度分析之結果加以說明。

　　「任教學科知識」方面，信度分析 Cronbach α 係數達 .8145，單題之「校正後項目整體相關」情形，從 .4541 至 .6920；在「教育情境知識」方面，信度分析 Cronbach α 係數達 .8556，單題之「校正後項目整體相關」情形，從 .6081 至 .8020；「學生特性知識」方面，信度分析 Cronbach α 係數達 .8897，單題之「校正後項目整體相關」情形，從 .6401 至 .8105；在「課程知識」方面，信度分析 Cronbach α 係數達 .9309，單題之「校正後項目整體相關」情形，從 .7870 至 .8755，詳見於表 3-3-8。由此可知，在「任教學科知識」、「教育情境知識」、「學生特性知識」及「課程」等四個構面皆有相當高的信度，且由於此四構面刪題後之 Cronbach α 並未有等於或高於刪題前之 α 值，顯示此四構面中所有問題對於量表之內部一致性皆有貢獻，所以在此前提下，本研究並未在這些構面執行依信度分析做為刪題的考慮。

　　而在「教學法知識」方面，信度分析 Cronbach α 係數達 .9589，單題之「校正後項目整體相關」情形，從 .5312 至 .7568；在「教育目標與教育價值知識」方面，信度分析 Cronbach α 係數達 .9224，單題之「校正後項目整體相關」情形，從 .5807 至 .7744，詳見於表 3-3-8。雖然「教學法知識」與「教育目標與教育價值知識」有極高的信度，但考量問項過多的情形，本研究以「校正後項目整體相關」為刪題的標準，凡相關值小於 .60（含四捨五入後為 .61 者）之問項，為擬刪除之問題。因此，「教學法知識」方面擬刪除第 11、12、14、15、16、17、39 題，而「教育目標與教育價值知識」方面擬刪除第 46、49、56 題。

表 3-3-8　「技術校院教師教學發展需求調查問卷」（預試）之信度分析摘要表

構面		題次內容	校正後相關	刪題後α係數	各構面α係數
任教學科知識	1	能夠精通任教學科之專業知識	.4841	.8107	.8145
	2	能夠通曉其他學科之相關知識	.6640	.7599	
	3	能夠瞭解任教科系相關行（職）業的未來發展	.5672	.7892	
	4	能夠具備任教領域相關業界的實務經驗	.6920	.7498	
	5	能夠瞭解任教領域相關職場的工作倫理	.6197	.7737	

表 3-3-8 「技術校院教師教學發展需求調查問卷」（預試）之信度
分析摘要表（續1）

構面	題次內容	校正後相關	刪題後 α 係數	各構面 α 係數
教育情境知識	6 能夠瞭解技職教育的相關概念（科系分類與內涵等）	.6081	.8409	.8556
	7 能夠瞭解技職教育的發展趨勢	.6731	.8248	
	8 能夠瞭解相關產業的概況與未來發展趨勢	.6221	.8379	
	9 能夠瞭解當前技職教育和社會、經濟等之間的互動關係	.8020	.7886	
	10 能夠瞭解在教學上可運用的社區資源及相關產業資源	.6507	.8316	
教學法知識（接下頁）	11 能夠妥善地做好課前準備	.5910	.9580	.9589
	12 能夠撰寫合適的教學計畫	.5839	.9581	
	13 能夠提供明確的教學進度表	.6341	.9577	
	14 能夠運用各種教學媒體進行教學	.5629	.9583	
	15 能夠規劃多元的教學活動	.6056	.9580	
	16 能夠傾聽並真正瞭解學生的表達或發言	.5939	.9580	
	17 能夠掌握學生的出缺席及上課狀況	.5916	.9582	
	18 能夠營造生動活潑的上課氣氛	.6290	.9577	
	19 能夠與學生建立良好的互動關係	.6801	.9573	
	20 能夠給予學生充分思考與表達的機會	.6687	.9574	
	21 能夠尊重學生的想法與感受	.6459	.9576	
	22 能夠條理分明的表達自己的想法	.7159	.9571	
	23 能夠正確、妥適的運用板書	.5312	.9585	
	24 能夠以清晰及足夠的音量進行教學	.5474	.9583	
	25 能夠明確交待課業要求，不會反覆多變	.6640	.9575	
	26 能夠有系統地呈現教學內容	.6773	.9574	
	27 能夠有效掌控學期教學進度與上課時間分配	.7056	.9572	
	28 在上課時能夠精準的掌握教學內容不偏離主題	.6868	.9573	
	29 能夠客觀公正的評量學生之學習成就	.7191	.9570	

表 3-3-8 「技術校院教師教學發展需求調查問卷」（預試）之信度
分析摘要表（續2）

構面		題次內容	校正後相關	刪題後α係數	各構面α係數
教學法知識（承上頁）	30	能夠將生活實例或實務經驗融入教材中	.6558	.9575	
	31	能夠依據教學需要，適時提供補充教材（如講義等）	.6696	.9574	
	32	能夠熱愛目前的教學工作	.6813	.9573	
	33	能夠以幽默風趣的方式進行教學	.6755	.9574	
	34	能夠適時給予學生鼓勵與指導	.6927	.9573	
	35	能夠親切誠懇的回答學生問題	.7015	.9572	
	36	能夠做到不輕視、辱罵或諷刺學生	.6441	.9576	
	37	能夠對於學生想法或表達保持中立客觀的立場	.7568	.9568	
	38	對待學生能夠做到公平而不偏心	.7303	.9570	
	39	能夠提供足夠的課後諮詢時間（office hours）	.5916	.9580	
	40	能夠不隨意調課或隨意找人代課	.6837	.9573	
學生特性知識	41	能夠瞭解技術校院學生的學習特性	.6401	.8853	.8897
	42	能夠掌握非本科系學生的特性，提供必要的學習協助	.6995	.8744	
	43	能夠瞭解班上學生學科能力程度的個別差異	.7857	.8530	
	44	能夠瞭解技術校院學生的興趣與需求	.8105	.8462	
	45	能夠配合學生特性採取適當的評量方式	.7294	.8672	

表 3-3-8 「技術校院教師教學發展需求調查問卷」（預試）之信度
分析摘要表（續 3）

構面	題次	題次內容	校正後相關	刪題後 α係數	各構面 α係數
教育目標與教育價值知識	46	能夠瞭解整體技職教育的教育目標	.5807	.9200	.9224
	47	能夠瞭解任教學校的特色及教育目標	.6700	.9163	
	48	能夠瞭解任教科系的教育目標	.6242	.9181	
	49	能夠增強學生的實務或實作能力	.6036	.9188	
	50	能夠啟發學生的學習興趣	.7547	.9124	
	51	能夠培養學生獨立學習的能力	.6913	.9153	
	52	能夠增強學生資料蒐集的能力	.6741	.9160	
	53	能夠增強學生分析、綜合、邏輯的能力	.7068	.9147	
	54	能夠增進學生創意思考的能力	.7506	.9126	
	55	能夠有助於學生發展解決問題的能力	.7744	.9116	
	56	能夠滿足學生的就業需求	.5684	.9201	
	57	能夠滿足學生的升學需求	.7009	.9149	
課程知識	58	能夠瞭解課程與教育目標之間的關係	.7894	.9203	.9309
	59	能夠具備任教領域課程設計的相關概念	.8230	.9140	
	60	能夠瞭解任教科系整體的課程架構	.8125	.9160	
	61	能夠瞭解任教領域課程之間的銜接與聯繫	.7870	.9211	
	62	能夠實際進行任教領域課程之規劃設計	8755	.9037	

（三）效度

1.預試問卷

　　本問卷之效度係採「內容效度」，以期使正式量表所包含的教學發展知能項目足以涵蓋或代表技術校院教師所需的教學發展知能。在編製預試問卷初稿時經研究者敦請教育學者專家 3 名，分別就教學發展知能題項之陳述是否具有意義加以評定；其次，評定各教學發展知能題項放置在該「構

面」之內是否合適；復次，亦請學者專家針對教學發展知能題項之陳述提供修正的意見。

　　專家會議所歸納之共同意見大致有三：（1）題目太多，應予以精節；（2）部份題目不適合；（3）部份題項之陳述應予以修飾。根據學者專家的意見，本研究乃決定：（1）題項陳述內容相近或不適當者，一律捨棄或予以精簡及歸併；（2）將題目之措辭再加以精修。

2.正式問卷

　　本研究除了在發展預試問卷時，透過專家會議建立問卷之內容效度外，於預試回收後，亦針對重要性分析、相關分析、因素分析、信度分析等結果，再次敦請教育學者專家與教育統計分析專家各 1 名，協同研究者分別就教學知能題項之分析結果進行綜合評估，並針對有問題之問項進行修改。

四、發展正式問卷

（一）挑選正式問卷題目

　　本研究根據教學發展相關理論與相關研究分析，建構形成問卷初稿，建立專家內容效度、實施與分析預試問卷，並藉由施測結果發現：各構面與總量表之內在相關結果皆達 .01 之顯著水準，顯示本問卷之向度建構良好；其次，依據重要性分析、因素分析、相關分析與信度分析等標準，邀請一位教育學者與一位教育統計專家，協同研究者進行綜合評斷擬刪減之題目（詳見表 3-3-9 第六欄）。

表 3-3-9 「技術校院教師教學發展預試問卷」篩選題目摘要表

構面別	重要性擬刪減題次	因素分析擬刪減題次	相關分析擬刪減題次	信度分析擬刪減題次	綜合評斷刪減題次	篩選後之保留題次	待修改題次
任教學科知識	2		1		2	1、3、4、5	
教育情境知識	6					6、7、8、9、10	
教學法知識	11、12、15、17、23、25、28、33、40、	11、12、13、14、15、16、17、18、21、23、24、25、30、36、39	11、12、13、14、15、16、17、18、20、21、23、24、25、30、31、36、39	11、12、14、15、16、17、23、24、39	11、12、15、16、17、18、21、23、24、25、36、39	13、14、19、20、22、26、27、28、29、30、31、32、33、34、35、37、38、40	13、14
學生特性知識	42			41	42	41、43、44、45	
教育目標與教育價值知識	46、48、51、53、57	46、51、56	46、48、49、56	46、56	46、56、57	47、48、49、50、51、52、53、54、55	
課程知識	58			61		58、59、60、61、62	

（二）正式問卷

　　根據預試問卷之綜合評斷結果，篩選後之保留題次分別為：「任教學科知識」計有 4 題，「教育情境知識」計有 5 題，「教學法知識」計有 18 題，「學生特性知識」共有 4 題，「教育目標與教育價值知識」共有 9 題，而「課程知識」則有 5 題，六個構面共計挑選出 45 題。彙編為本研究之正

式量表，以做為測量技術校院教師教學知能發展之調查工具，如表 3-3-10 所示。

表 3-3-10　「技術校院教師教學發展調查問卷」（正式問卷）題目摘要表

構面別		教學知能題項內容
任教學科知識	1	能夠精通任教學科之專業知識
	2	能夠瞭解任教科系相關行（職）業的未來發展
	3	能夠具備任教領域相關業界的實務經驗
	4	能夠瞭解任教領域相關職場的工作倫理
教育情境知識	5	能夠瞭解技職教育的相關概念（科系分類與內涵等）
	6	能夠瞭解技職教育的發展趨勢
	7	能夠瞭解相關產業的概況與未來發展趨勢
	8	能夠瞭解當前技職教育和社會、經濟等之間的互動關係
	9	能夠瞭解在教學上可運用的社區資源及相關產業資源
教學法知識	10	能夠提供明確的教學計畫或進度表
	11	能夠運用各種教學媒體進行教學（如投影片、幻燈片、圖表模型等）
	12	能夠與學生建立良好的互動關係
	13	能夠給予學生充分思考與表達的機會
	14	能夠條理分明地表達自己的想法
	15	能夠有系統地呈現教學內容
	16	能夠有效掌控學期教學進度與上課時間分配
	17	在上課時能夠精準的掌握教學內容不偏離主題
	18	能夠客觀公正的評量學生之學習成就
	19	能夠將生活實例或實務經驗融入教材中
	20	能夠依據教學需要，適時提供補充教材（如講義等）
	21	能夠熱愛目前的教學工作
	22	能夠以幽默風趣的方式進行教學
	23	能夠適時給予學生鼓勵與指導
	24	能夠親切誠懇的回答學生問題
	25	能夠對於學生想法或表達保持中立客觀的立場
	26	對待學生能夠做到公平而不偏心
	27	能夠不隨意調課或隨意找人代課

表 3-3-10 「技術校院教師教學發展調查問卷」（正式問卷）題目摘
要表（續 1 ）

構面別	教學知能題項內容
學生特性知識	28 能夠瞭解技術校院學生的學習特性 29 能夠瞭解班上學生學科能力程度的個別差異 30 能夠瞭解技術校院學生的興趣與需求 31 能夠配合學生特性採取適當的評量方式
教育目標與教育價值知識	32 能夠瞭解任教學校的特色及教育目標 33 能夠瞭解任教科系的教育目標 34 能夠增強學生的實務或實作能力 35 能夠啟發學生的學習興趣 36 能夠培養學生獨立學習的能力 37 能夠增強學生資料蒐集的能力 38 能夠增強學生分析、綜合、邏輯的能力 39 能夠增進學生創意思考的能力 40 能夠有助於學生發展問題解決的能力
課程知識	41 能夠瞭解課程與教育目標之間的關係 42 能夠具備任教領域課程設計的相關概念 43 能夠瞭解任教科系整體的課程架構 44 能夠瞭解任教領域課程之間的銜接與聯繫 45 能夠實際進行任教領域課程之規劃設計

（三）正式問卷之信、效度分析

為瞭解正式問卷的信度與效度，本研究另以預試所得資料，另就刪題後的正式量表各構面進行信度與效度分析，信度分析結果如表 3-3-11 所示；效度分析結果則如表 3-3-12 所示。

由表 3-3-11 的信度分析結果顯示技術校院教師教學發展調查問卷之各構面的信度，在「重要程度」方面介於.7304 至.9125，整體信度為.9529；在「符合程度」方面則介於.7628 至.9435，而整體信度為.9678。因此，不論技術校院教師對

教學發展知能「重要程度」或「符合程度」認知之整體或分構面，其內部一致性均能令人滿意。

　　另由表 3-3-12 的效度分析結果顯示出技術校院教師教學發展調查問卷中，在「重要程度」認知之各構面特徵值分別介於 2.233 至 7.408 之間，可解釋變異量亦介於 41.16%至 64.21%；在「符合程度」認知之各構面特徵值則介於 2.338 至 9.308，可解釋變異量介於 51.71%至 78.42%之間。由此可知，刪題後之技術校院教師教學發展調查問卷，不論在「重要程度」或「符合程度」的認知方面，皆具有良好之構念效度。

表 3-3-11 「技術校院教師教學發展調查問卷」（正式問卷）信度分析摘要表

構面	號次		重要程度		符合程度	
	正式問卷	預試問卷	刪題後α係數	各構面α係數	刪題後α係數	各構面α係數
任教學科知識	1	1	.7449	.7304	.7649	.7628
	2	3	.6693		.7111	
	3	4	.5730		.6391	
	4	5	.6591		.6904	
教學法知識	5	6	.7398	.7679	.8409	.8556
	6	7	.7042		.8248	
	7	8	.7623		.8379	
	8	9	.6952		.7886	
	9	10	.7221		.8316	
教學法知識	10	13	.9108	.9125	.9420	.9435
	11	14	.9099		.9436	
	12	19	.9104		.9407	
	13	20	.9076		.9406	
	14	22	.9085		.9404	
	15	26	.9084		.9410	
	16	27	.9051		.9398	
	17	28	.9072		.9404	
	18	29	.9081		.9392	
	19	30	.9095		.9406	
	20	31	.9070		.9407	
	21	32	.9083		.9403	
	22	33	.9097		.9404	
	23	34	.9040		.9396	
	24	35	.9041		.9392	
	25	37	.9063		.9386	
	26	38	.9086		.9392	
	27	40	.9073		.9403	

表 3-3-11　「技術校院教師教學發展調查問卷」（正式問卷）信度分析摘要表（續1）

構面	號次		重要程度		符合程度	
	正式問卷	預試問卷	刪題後 α 係數	各構面 α 係數	刪題後 α 係數	各構面 α 係數
學生特性知識	28	41	.8437	.8099	.8923	.8744
	29	43	.7116		.8227	
	30	44	.7149		.7996	
	31	45	.7561		.8319	
教育目標與教育價值知識	32	47	.8721	.8820	.9001	.9082
	33	48	.8664		.9016	
	34	49	.8764		.9042	
	35	50	.8691		.8943	
	36	51	.8694		.8975	
	37	52	.8667		.8984	
	38	53	.8669		.8966	
	39	54	.8659		.8945	
	40	55	.8697		.8937	
課程知識	41	58	.8509	.8550	.9202	.9309
	42	59	.8025		.9140	
	43	60	.8175		.9160	
	44	61	.8305		.9211	
	45	62	.8206		.9037	

表 3-3-12　「技術校院教師教學發展調查問卷」（正式問卷）效度分
析摘要表

構面	號次		重要程度			符合程度		
	正式問卷	預試問卷	因素負荷量	特徵值	解釋變異量%	因素負荷量	特徵值	解釋變異量%
任教學科知識	1	1	.596	2.233	55.819	.651	2.338	58.459
	2	3	.751			.761		
	3	4	.848			.845		
	4	5	.771			.789		
教學法知識	5	6	.681	2.611	52.219	.747	3.177	63.547
	6	7	.767			.798		
	7	8	.620			.761		
	8	9	.795			.890		
	9	10	.737			.782		
教學法知識	10	13	.563	7.408	41.158	.631	9.308	51.709
	11	14	.564			.564		
	12	19	.537			.702		
	13	20	.647			.701		
	14	22	.620			.708		
	15	26	.621			.684		
	16	27	.729			.746		
	17	28	.658			.717		
	18	29	.623			.769		
	19	30	.563			.699		
	20	31	.656			.703		
	21	32	.618			.721		
	22	33	.582			.718		
	23	34	.766			.762		
	24	35	.773			.776		
	25	37	.694			.804		
	26	38	.610			.779		
	27	40	.662			.722		

表 3-3-12　「技術校院教師教學發展調查問卷」（正式問卷）效度分析摘要表（續 1）

構面	號次			重要程度			符合程度		
	正式問卷	預試問卷	因素負荷量	特徵值	解釋變異量%	因素負荷量	特徵值	解釋變異量%
學生特性知識	28	41	.626	2.568	64.207	.740	2.917	72.935
	29	43	.869			.883		
	30	44	.870			.914		
	31	45	.815			.869		
教育目標與教育價值知識	32	47	.685	4.644	51.601	.731	5.196	57.735
	33	48	.743			.715		
	34	49	.636			.672		
	35	50	.714			.800		
	36	51	.717			.766		
	37	52	.746			.755		
	38	53	.747			.777		
	39	54	.754			.802		
	40	55	.715			.810		
課程知識	41	58	.710	3.173	63.458	.866	3.921	78.420
	42	59	.853			.891		
	43	60	.821			.882		
	44	61	.780			.864		
	45	62	.812			.924		

（四）正式施測後之驗證性因素分析（confirmatory factor analysis）

為了驗證本研究所提的理論架構（假設因素結構）與實際資料（實證因素結構）的相容性，本研究以驗證性因素分析模式及 LISREL 8.30 統計套裝軟體，確認依文獻所得的假設因素結構（技術校院教師教學發展知能總量表與六向度之測量模式）與實際調查資料所呈現結構的配適度，據以探究本研究工具的建構效度。

　　有關研究模式適配度指標的分析，Bagozzi & Yi（1988）建議以下三類指標的判斷標準：基本適配指標（preliminary fit criteria）、內部適配指標（fit of internal structure of model criteria）與整體適配指標（overall model fit criteria）。茲分別就技術校院教師教學發展知能重要性認知及現況評估的因素結構模式討論於后。

1. 教師教學發展知能重要程度總量表與六向度之結構模式驗證性分析

　　由表3-3-13可以看出，由於潛在變項「教學發展知能重要性認知」的觀察變項「任教學科知識」、「教育情境知識」、「教學法知識」、「學生特性知識」、「教育目標知識」、「課程知識」之結構係數（參數估計值）分別為0.65、0.67、0.82、0.79、0.90、0.83，皆介於0.5~0.9之間，未有負的誤差變異，且所有誤差變異都達顯著水準，顯見本研究的六個假設向度與潛在變項（教師教學發展知能重要性認知）的基本適配度頗為理想。

　　其次，就內部適配指標而言，各向度指標的信度（R）在.65到.90之間，都在.50以上，且t直皆達顯著水準；另外，依據標準化因素負荷量的總和平方值與該平方值暨測量誤差之總和比例所建構的潛在變數的組成信度（張紹勳，民89，頁718）計算結果為.902，超過.6的標準，顯見模式的內在品質良好。

表 3-3-13　教師教學發展知能重要程度總量表與六向度之結構模
式參數估計值

教學發展知能	未標準化參數		標準化參數		評鑑指標
	估計值	t 值	參數 λ 估計值	參數 δ 估計值（t 值）	
任教學科知識	1.00	Fixed	.65	.58 (18.36) **	
教育情境知識	1.04	16.46**	.67	.55 (18.18) **	X^2=159.06
教學法知識	1.26	19.26**	.82	.33 (16.05) **	GFI=.94 AGFI=.85
學生特性知識	1.22	18.83**	.79	.37 (16.62) **	NFI=.94 NNFI=.91
教育目標知識	1.38	20.58**	.90	.20 (12.39) **	CFI=.95
教學發展知能	1.27	19.42**	.83	.32 (15.80) **	

**P<.01

　　最後，就整體模式適配度評鑑標準而言，表 3-3-13 最後一欄顯示，模式適合度的卡方值（X^2）=159.06，p=.00，表示拒絕理論結構與觀察資料相符的假設，但因模式適合度的卡方值會隨著樣本數愈多而變大（張紹勳，民 89），而本研究的樣本數超過 700，容易達顯著水準而拒絕假設，研究者因而進一步使用 GFI （goodness of fit index）、AGFI（adjusted for degrees of freedom）、NFI（normed fit index）、NNFI（non-normed fit index）、CFI（comparative fit index）、RMSR （root mean square residual）等比較不受樣本人數影響的適配度指標。其中，除了 RMSR 的標準應該小於.05 外，其餘的指標皆表示一個理論模式可以解釋實際資料的共變數百分比，其值越接近 1 表示模式適合度越好，如果大於.90

就表示適合極佳（陳正昌、程炳林，民 87）。從表 3-3-13
中可以看出各指標中的 GFI=.94，AGFI=.85，NFI=.94，
NNFI=.91，CFI=.95 有四個指標超過.90 的評鑑標準，其中，
雖然 AGFI 略小於.90，但亦接近極佳的標準，另外 RMSR
值為.049 亦符合小於.05 的評鑑標準，可見模式整體之適配
情形良好。

　　茲將技術校院教師教學發展知能重要性認知的因素結
構模式及其相關係數呈現如圖 3-3-1 所示。

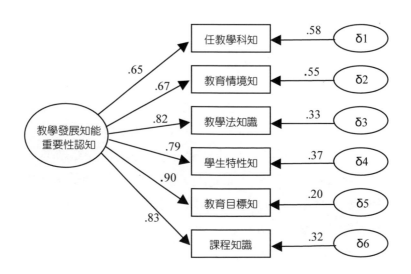

圖 3-3-1　教師教學發展知能重要程度因素結構模式圖

2. 教師教學發展知能現況符合程度總量表與六向度之結構模式驗證性分析

表 3-3-14 顯示，由於潛在變項「教學發展知能現況符合程度評估」與觀察變項「任教學科知識」、「教育情境知識」、「教學法知識」、「學生特性知識」、「教育目標知識」、「課程知識」之結構係數（參數估計值）分別為.68、.72、.82、.79、.87、.71，都在 0.6 以上，未有負的誤差變異，且所有誤差變異都達顯著水準，顯見教學專業知能符合程度量表六個假設向度與潛在變項的基本適配度頗為理想。

其次，就內部適配指標而言，符合程度六個項度指標的信度(R)都在.50 以上，且 t 值皆達顯著水準。另外，依據標準化因素負荷量的總和平方值與該平方值暨測量誤差之總和比例所建構潛在變數的組成信度（張紹勳，民 89，頁 718）計算結果為.895，超過.6 的標準，顯見模式的內在品質良好。

最後，就整體模式適配度評鑑標準而言，表 3-3-14 最後一欄顯示，模式適合度的卡方值（X^2）=107.10，p=.00，雖然拒絕理論結構與觀察資料相符的假設，但就表 3-3-14 最後一欄比較不受樣本大小影響的各項指標可以看出，GFI=.96，AGFI=.90，NFI=.96，NNFI=.94，CFI=.96 都超過.90 的評鑑標準，同時，RMSR 值為.036 遠小於.05 的評鑑標準，因此，就整體模式的適配度而言，顯示模式的適配程度極佳。

表 3-3-14　教師教學發展知能符合程度總量表與六向度之結構模式參數估計值

教學發展知能	未標準化參數		標準化參數		評鑑指標
	估計值	t 值	參數λ估計值	參數δ估計值 （t 值）	
任教學科知識	1.00	Fixed	.68	.54 (17.83) **	X^2=107.10
教育情境知識	1.06	18.15**	.72	.48 (17.33) **	GFI=.96 AGFI=.90
教學法知識	1.20	20.14**	.82	.34 (15.45) **	NFI=.96 NNFI=.94
學生特性知識	1.17	19.68**	.79	.37 (16.06) **	CFI=.96 RMSR=.036

表 3-3-14　教師教學發展知能符合程度總量表與六向度之結構模式參數估計值（續 1 ）

教育目標知識	1.27	21.15**	.87	.25 (13.32) **	
教學發展知能	1.04	17.81**	.71	.50 (17.53) **	

**P<.01

　　茲將技術校院教師教學發展知能符合程度認知的因素
結構模式及其相關係數呈現如圖 3-3-2 所示。

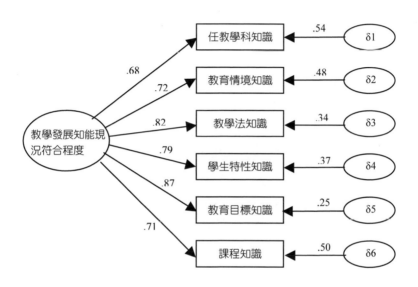

圖 3-3-2　教師教學發展知能符合程度因素結構模式圖

第四節　資料處理

　　本研究所獲得之資料，做為依變項用者，計有下列數種：（1）教師在「教學發展知能──重要程度」六種構面上之分數；（2）教師在「教學發展知能──符合程度」六種構面上之分數；（3）教師在「教學發展知能──需求程度」六種構面上之分數；（4）教師在「教學發展相關活動──重要程度」七種活動上之分數；（5）教師在「教學發展相關活動──符合程度」七種活動上之分數。

　　本研究所獲得之資料，做為自變項用者，計有下列數種：（1）教師在背景資料之填答情形，包括學校層級、學校隸屬、性別、最高學歷、職級、任教年資、每週授課時數、與擔任行政主管職務等變項；（2）另為分析之便利及自變項在解釋上的意義，茲將最高學歷、職級、任教年資、每週授課時數、與擔任行政主管職務等變項予以重新編組，並做為統計分析之用。重新編組情形後，：「最高學歷」包括博士、碩士以下二組；「教師職級」包括教授、副（助理）教授及講師等三組；「服務年資」則包括未滿 5 年、5 年至未滿 15 年、15 年以上等三組；「每週授課時數」則分為 9 小時以下、10 小時至 15 小時、16 小時以上等三組；「擔任行政主管職務」則區分為未兼行政主管、兼行政主管二組。

　　茲將本研究量表的修訂、問卷調查資料的分析等所採用的統計方法說明如下：

壹、量表的修訂部分

一、積差相關分析

　　為瞭解本研究問卷之試題結構，本研究乃對預試所得之「教學發展知能符合程度」資料進行皮爾森積差相關分析，以取得各問項及各構面、各構面與總量表之間的相關值，探討其彼此間之相關程度，並做為挑選適當問項之基礎。

二、探索性因素分析

　　為瞭解本研究修訂的「技術校院教師教學發展需求調查問卷」所列題目的因素結構是否與 Shulman（1987）提出的知能結構相符，本研究乃對預試所得之「教學發展知能符合程度」資料進行探索性因素分析，以考驗修訂問卷的因素結構，並藉此刪除不適合的題目。

三、信度分析

　　為瞭解本研究問卷中教學發展知能各構面內容的一致性，本研究以預試所得之「教學發展知能符合程度」資料進行信度的考驗，以 Cronbach α 係數求知研究問卷之內部一致性。

四、驗證性因素分析

　　以 LISREL 線性結構相關分析程式，驗證本研究所建構構以「任教學科知識」、「教育情境知識」、「教學法知識」、「學生特性知識」、「教育目標與教育價值知識」及「課程知識」等六向度所測量「技術校院教師教學發展知能」之模式的 X^2、GFI、AGFI、NFI、NNFI、CFI、RMSR，求出本研究技術校院教師教學發展知能總量表與六向度之測量模式的適配度，以瞭解量表之建構情形。

貳、問卷調查資料的分析部分

一、次數分配

　　計算教師在教學知能四十五個問項、六個構面和七種教學發展相關活動上所認知之重要程度、符合程度的回應次數、平均數、標準差。

二、相依樣本 t 檢定

　　考驗教師在教學發展知能四十五個問項、六個構面（任教學科知識、教學情境知識、教學法知識、學生特性知識、教育目標與教育價值知識、課程知識）和七種教學發展相關活動，其需求程度是否具有顯著差異。邱皓政（民 91）指出，依據機率原理，但若不同的平均數來自於同一個樣本的同一群人（如某班學生的期中考與期末考成績），即重複量數設計（repeated measure design），必須特別考量到重複計

數或相配對的機率。因此，本研究以相依樣本平均數的 t 檢定法，分別考驗科技校院教師所評以上兩種分數的平均數有無顯著差異，俾據以判斷其對教學發展知能與相關活動認知的重要程度與符合程度之間是否有顯著差距（另以「需求程度」表示之）。

三、單因子多變項變異數分析

以教師任教學校的層級、屬性及教師的性別、學歷、職級、年資、每週任教時數、是否兼任行政職務等背景變項為自變項，以教師教學發展知能六個構面、七項教學發展活動之重要性（重要程度）、現況（符合程度）及需求（需求程度）為依變項，分別進行單因子多變項變異數分析。若多變項 F 值達.05 以上的顯著水準，再就該變項進行單因子單變項變異數分析。若單變項 F 值達.05 以上的顯著水準，則再進一步以 Scheffe 法進行多重比較。

四、區別分析

區別分析（Discriminant Analysis）是一種相依方法，主要在以數個預測變數之線性結合來描述或預測單一準則變數的行為（黃俊英，民 84）。本研究以教師之背景變項，包括學校層級、學校隸屬、性別、最高學歷、職級、任教年資、每週授課時數、與擔任行政主管職務等，來做為判別技術校院教師對於「教學發展知能──重要程度」、「教學發展知能──符合程度」、「教學發展知能──需求程度」、

「教學發展相關活動——重要程度」及「教學發展相關活動——符合程度」的差異情形。

第四章　研究結果與討論

　　本研究的目的在於探討技術校院教師對於教學發展之
看法與辦理現況，故本章將根據問卷調查及書面資料蒐集所
得結果進行統計分析及歸納，逐一說明各項分析所得結果，
以瞭解目前技術校院教師對於教學發展的認知情形。本章共
分四部分，第一部分為第一節，主要列示受試教師基本資料
的分析，以描述統計的方式執行之；第二部分為技術校院教
師教學發展知能之探討，主要包括第二節（重要性）、第三
節（現況）及第四節（需求程度）加以分析，而以描述統計、
相依樣本 t 檢定及多變項變異數分析執行之；第三部分為技
術校院辦理教學發展相關活動之探討，包括第五節（重要
性）、第六節（現況）及第七節（需求程度）加以分析，其
統計分析方法亦採用描述統計、相依樣本 t 檢定及多變項變
異數分析；第四部分則以教師之背景變項做為判別技術校院
教師對於教學發展知能及相關活動重要性與現況（即符合程
度）的差異情形，分就第八節（教學發展知能）及第九節（教
學發展活動）加以討論，而以區別分析加以執行。

第一節　樣本描述

　　本研究問卷於九十一年四月中旬寄發，於五月上旬截止收卷。統計問卷回收情形，共計發出問卷 1,050 份，回收後有效問卷 770 份，有效問卷回收率為 73.3%。從調查得到的有效問卷中，基本資料分佈情形如表 4-1-1 所示，茲分別說明如下：

　　一、以任教學校層級而言：計有技術學院教師 640 位，佔 83.1%；科技大學教師 129 位，佔 16.9%。

　　二、以任教學校屬性而言：任教於國立技術校院的教師有 204 位，佔 26.5%；私立技術校院教師 565 位，佔 73.5%。

　　三、以教師性別而言：計有男性教師 523 位，佔 68.3%；女性教師 243 位，佔 31.7%。

　　四、以教師學歷程度而言：博士學位者有 284 位，佔 37.2%；碩士學位者有 445 位，佔 58.3%；學士以下學位者則有 34 位，佔 4.5%。

　　五、以教師年齡而言：21 歲至 30 歲教師計有 43 位，佔 5.6%；31 歲至 40 歲教師計有 380 位，佔 49.5%；41 歲至 50 歲教師計有 266 位，佔 34.7%；51 歲至 60 歲教師計有 69 位，佔 9.0%；61 歲以上教師則有 9 位，佔 1.2%。

　　六、以教師職級而言：擔任教授職級教師計有 32 位，佔 4.2%；副教授職級教師計有 202 位，佔 26.5%；助理教授職級教師計有 104 位，佔 13.6%；而講師職級的技術校院教師則有 424 位，佔 55.6%。

　　七、以服務年資而言：未滿五年者有 233 位，佔 30.3%；滿五年至未滿十年者有 191 位，佔 24.9%；滿十年至未滿十五年者有 173 位，佔 22.5%；滿十五年至未滿二十年者有 86 位，佔 11.2%；服務年資在二十年以上之技術校院教師則有 85 位，佔 11.1%。

　　八、以每週任教時數而言：任教時數在六小時以下的技術校院教師有 20 位，佔 2.6%；介於七小時至九小時者計有 79 位，佔 10.3%；介於十小時至十二小時者計有 289 位，佔 37.7%；介於十三小時至十五小時者有 269 位，佔 35.1%；任教時數在十六小時以上的教師則有 110 位，佔 14.3%。

　　九、以主要任教領域而言：工業類有 291 位，佔 38.9%；農業類有 11 位，佔 1.5%；商業類有 234 位，佔 31.2%；藝術類有 18 位，佔 2.4%；家事類有 14 位，佔 1.9%；外語類有 59 位，佔 7.9%；餐旅類有 6 位，佔 0.8%；醫護類有 26 位，佔 3.5%；文史哲、數理與通識學科有 83 位，佔 11.1%；教育類有 7 位，佔 0.9%。

　　十、以現任職務而言：為專任教師而未兼任行政主管工作者計有 568 位，佔 75.1%；另外，為專任教師且兼教務主管（含教務長或教務處各組長）有 62 位，佔 8.2%；為專任教師且兼院系主管（含院長、所長及系主任）有 76 位，佔 10.1%；為專任教師且兼其他主管（除教務主管與院系主管之外的各級行政主管）有 50 位，佔 6.6%。

　　從前述有關本研究樣本的描述可以看出，技術學院教師人數多於科技大學教師，私立學校教師多於公立學校教師人數，男性教師多於女性教師，各職級教師人數依序是講師多

於副教授、副教授多於助理教授、助理教授多於教授，這樣的樣本背景分布狀態（patterns）基本上符合我國高等技職教育體系教師背景的分布特色，換言之，不管是就學校層級（科技大學與技術學院）、學校屬性（公立與私立）、教師性別、或是教師職級（教授、副教授、助理教授與講師）而言，本研究的樣本分布大致與本研究的母群體背景結構類似。

另外，從本研究樣本的年齡層而言，介於 31 歲到 40 歲中間的教師最多，接近 50%左右，其次是 41 到 50 歲之間的教師，佔全部樣本的 35%左右，兩個年齡層合計 85%的技術校院教師年齡介於 31 到 50 歲之間；就教學年資看來，也有 47.4%的教師擁有 5 年到 15 年的服務年資，顯見多數的技術校院教師，既非生手也非可能面臨工作倦怠的「老教師」群，這樣的教師人力結構對於技術校院未來整體的發展，應是一個重要的潛力。

其次，就主要任教領域來看，以工、商類領域教師最多，超過全部樣本的七成，顯見培育高等技術人才的高等技職教育體系仍以工商領域為主流。令人比較憂心的是，這群教師的平均教學負擔頗高，有接近 38%的教師每週必須授課 10 到 12 小時，同時也有近一半（49.4%）的教師每週上課時數在 13 小時以上。這樣的教學負擔，對於必須同時肩負教學、研究與服務的大學教師而言，負擔不可謂不重，對於維持技術校院的教學與研究品質恐有負面的效應。

表 4-1-1　本研究對象基本資料分析表

變項	變項內容	總人數 (N)	勾選人數	百分比 (%)	排序
學校層級	技術學院	769	640	83.1	1
	科技大學		129	16.9	2
學校屬性	國立	769	204	26.5	1
	私立		565	73.5	2
性別	男	766	523	68.3	1
	女		243	31.7	2
最高學歷	博士	763	284	37.2	2
	碩士		445	58.3	1
	學士以下		34	4.5	3
年齡	21-30 歲	767	43	5.6	4
	31-40 歲		380	49.5	1
	41-50 歲		266	34.7	2
	51-60 歲		69	9.0	3
	61 歲以上		9	1.2	5
教師職級	教授	762	32	4.2	4
	副教授		202	26.5	2
	助理教授		104	13.6	3
	講師		424	55.6	1
服務年資	未滿 5 年	768	233	30.3	1
	5 年-未滿 10 年		191	24.9	2
	10 年-未滿 15 年		173	22.5	3
	15 年-未滿 20 年		86	11.2	4
	20 年以上		85	11.1	5
每週授課時數	6 小時以下	767	20	2.6	5
	7-9 小時		79	10.3	4
	10-12 小時		289	37.7	1
	13-15 小時		269	35.1	2
	16 小時以上		110	14.3	3

表 4-1-1　　本研究對象基本資料分析表

變項	變項內容	總人數 (N)	勾選人數	百分比 (%)	排序
主要任教領域	工業類	749	291	38.9	1
	農業類		11	1.5	8
	商業類		234	31.2	2
	藝術類		18	2.4	6
	家事類		14	1.9	7
	外語類		59	7.9	4
	餐旅類		6	.8	10
	醫護類		26	3.5	5
	文史哲、數理與通識學科		83	11.1	3
	教育類		7	.9	9
現任職務	專任教師未兼行政主管	756	568	75.1	1
	專任教師兼教務主管		62	8.2	3
	專任教師兼院系主管		76	10.1	2
	專任教師兼其他主管		50	6.6	4

第二節 技術校院教師對教學發展知能重要性認知之分析

　　本節旨在根據實際調查所得資料，分析技術校院教師背景特徵與其對教學發展知能「重要性」認知的關係，此處所稱的背景特徵包括其任教學校層級、學校屬性、性別、學歷、職級、年資、每週授課時數及是否兼任職務情形等；而教學發展知能之重要性則為技術校院教師針對教學發展知能重要程度的知覺。全節共分三部分，第一部分為技術校院教師在教學發展知能各構面重要程度認知情形的分析，第二部分為教師個人背景特徵與教學發展知能重要性認知之分析，第三部分則為本節的綜合討論。

　　以下茲就技術校院教師在教學發展知能各構面重要性之認知情形及背景變項之影響分析如后。

壹、技術校院教師在教學發展知能「重要程度」各構面之認知情形

　　此一部分探討技術校院教師對於教學發展知能重要程度的認知情形。本研究特以技術校院教師在六個教學發展知能構面與四十五個教學發展知能問項所評定的重要程度之填答個數、平均數、標準差及平均數之等第次序等分別列於表 4-2-1 與表 4-2-2。

　　首先，從表 4-2-1 可知，技術校院教師對於六個教學發展知能構面的重要性認知多趨近於「非常重要」的程度（即重要程度平均數在 3.5 以上）。就「重要程度」的認知而言，教學發展知能以「任教學科知識」為最高，「教學法知識」居次，其餘依序為「教育目標與教學價值知識」、「學生特性知識」、「課程設計知識」及「教育情境知識」。由此可知，技術校院教師對於教學發展知能「重要程度」的看法，普遍以「任教學科知識」、「教學法知識」最為重視，而以「教學情境知識」最容易被忽略。這個研究結果與 Alfano（1993）的發現類似，該研究認為美國早期的大學教師發展計劃大多以學科知能的提升為主，而非加強教學專業知能，主要原因就是因為任教學科知能比較受到重視的緣故。

表 4-2-1　技術校院教師在「教學發展知能」重要程度各構面之選答情形

構面別	重要程度		
	人數	平均數（標準差）	等第
任教學科知識	757	3.66　(.37)	1
教育情境知識	759	3.42　(.50)	6
教學法知識	746	3.65　(.36)	2
學生特性知識	766	3.52　(.48)	4
教育目標與教育價值知識	753	3.60　(.42)	3
課程設計知識	764	3.52　(.51)	5

　　其次，就技術校院教師在四十五個教學發展知能的重要性認知觀之，參見表 4-2-2，其重要性介於 3.35 至 3.87 之間，其中，等第最高的十項知能依次為：「精通任教學科的專業

知識」、「有系統呈現教學內容」、「條理分明地表達自己的想法」、「與學生建立良好的互動關係」、「瞭解任教科系相關行職業的未來發展」、「熱愛目前的教學工作」、「給予學生充分思考與表達的機會」、「親切誠懇地回答學生問題」、「適時給予學生鼓勵與指導」、「對待學生公平而不偏心」，而認為最不重要的五項知能依次為：「瞭解技職教育的相關概念」、「瞭解可運用的社區資源與相關產業資源」、「瞭解技職教育的發展趨勢」、「瞭解當前技職教育和社會、經濟之間的互動關係」、「瞭解技術校院學生的興趣與需求」。前述，等第最高的十項知能分別屬於「任教學科知識」構面（共二題）與「教學法知識」構面（共八題）；而最不重要的五項知能則分別歸屬於「教育情境知識」構面（共四題）及「學生特性知識」（計有一題）。

　　由此可知，目前技術校院教師對於教學發展知能的「重要程度」認知，多偏重於「教學法」及「任教學科」方面的知識，而對於「教育情境」方面的知識則較為忽略，而未受重視。

表 4-2-2　技術校院教師在「教學發展知能」重要程度各題項之選答情形

項目	題號	填答人數	非常重要 人數（百分比）	重要 人數（百分比）	不重要 人數（百分比）	非常不重要 人數（百分比）	平均數（標準差）	等第
任教學科	1	768	677(88.2)	84(10.9)	4(.5)	3(.4)	3.87(.39)	1
	2	768	578(75.3)	183(23.8)	5(.7)	2(.3)	3.74(.47)	5
	3	765	436(57.0)	291(38.0)	36(4.7)	2(.3)	3.52(.60)	33
	4	764	435(56.9)	282(36.9)	42(5.5)	5(.7)	3.50(.63)	35
教育情境	5	765	348(45.5)	345(45.1)	67(8.8)	5(.7)	3.35(.67)	45
	6	769	381(49.5)	321(41.7)	63(8.2)	4(.5)	3.40(.66)	43
	7	767	468(61.0)	269(35.1)	29(3.8)	1(.1)	3.57(.57)	25
	8	770	382(49.6)	332(43.1)	52(6.8)	4(.5)	3.42(.64)	42
	9	766	365(47.7)	331(43.2)	60(7.8)	10(1.3)	3.37(.69)	44
教學法	10	767	489(63.8)	236(30.8)	39(5.1)	3(.4)	3.58(.61)	23
	11	768	413(53.8)	288(37.5)	63(8.2)	4(.5)	3.45(.67)	40
	12	767	594(77.4)	163(21.3)	10(1.3)	0(0)	3.76(.47)	3
	13	769	562(73.1)	195(25.4)	10(1.3)	2(.3)	3.71(.50)	7
	14	767	595(77.6)	160(20.9)	11(1.4)	1(.1)	3.76(.46)	3
	15	769	611(79.5)	149(19.4)	7(.9)	2(.3)	3.78(.45)	2
	16	769	478(62.2)	276(35.9)	13(1.7)	2(.3)	3.60(.54)	20
	17	769	463(60.2)	276(35.9)	28(3.6)	2(.3)	3.56(.58)	27
	18	767	517(67.4)	238(31.0)	7(.9)	5(.7)	3.65(.53)	11
	19	769	522(67.9)	230(29.9)	15(2.0)	2(.3)	3.65(.53)	11
	20	768	505(65.8)	249(32.4)	13(1.7)	1(.1)	3.64(.52)	13
	21	768	577(75.1)	169(22.0)	19(2.5)	3(.4)	3.72(.52)	6
	22	766	427(55.7)	295(38.5)	51(5.4)	2(.3)	3.55(1.55)	30
	23	770	544(70.6)	212(27.5)	12(1.6)	2(.3)	3.69(.51)	9
	24	769	556(72.3)	198(25.7)	12(1.6)	3(.4)	3.70(.51)	8
	25	766	483(63.1)	261(34.1)	20(2.6)	2(.3)	3.60(.56)	20
	26	769	529(68.8)	225(29.3)	14(1.8)	1(.1)	3.67(.52)	10
	27	768	512(66.7)	226(29.4)	24(3.1)	6(.8)	3.62(.59)	17
學生特性	28	769	458(63.1)	256(33.3)	27(3.5)	1(.1)	3.59(.57)	22
	29	770	429(55.7)	312(40.5)	28(3.6)	1(.1)	3.52(.57)	33
	30	768	382(49.7)	342(44.5)	41(5.3)	3(.4)	3.44(.61)	41

	31	769	442(57.5)	296(38.5)	28(3.6)	3(.4)	3.53(.59)	32
	32	770	416(54.0)	301(39.1)	49(6.4)	4(.5)	3.47(.64)	39
教育目標與教育價值	33	766	466(60.8)	259(33.8)	40(5.2)	1(.1)	3.55(.60)	30
	34	768	470(61.2)	269(35.0)	26(3.4)	3(.4)	3.57(.58)	25
	35	767	514(67.0)	234(30.5)	19(2.5)	0(0)	3.65(.53)	13
	36	768	504(65.6)	245(31.9)	17(2.2)	2(.3)	3.63(.54)	16
	37	769	478(62.2)	260(33.8)	28(3.6)	3(.4)	3.58(.58)	23
	38	767	509(66.4)	241(31.4)	15(2.0)	2(.3)	3.64(.53)	13
	39	769	496(64.5)	258(33.6)	14(1.8)	1(.1)	3.62(.53)	17
	40	767	499(65.1)	245(31.9)	23(3.0)	0(0)	3.62(.54)	17
課程設計	41	769	419(54.5)	306(39.8)	39(5.1)	5(.7)	3.48(.62)	38
	42	765	417(54.5)	610(40.5)	35(4.6)	3(.4)	3.49(.60)	37
	43	770	466(60.5)	267(34.7)	37(4.8)	0(0)	3.56(.59)	27
	44	770	462(60.0)	276(35.8)	32(4.2)	0(0)	3.56(.57)	27
	45	770	432(56.1)	296(38.4)	38(4.9)	4(.5)	3.50(.62)	35

貳、教師個人背景特徵與教學發展知能「重要程度」認知之分析

　　此一部分擬探討不同背景特徵之間，其技術校院教師對於教學發展知能的重要認知有無差異，藉以蠡測不同背景變項對於技術校院教師重要認知的影響。比較分析的方法為「單因子多變項變異數分析」，用以考驗學校層級、學校屬性、教師性別、最高學歷、教師職級、服務年資、每週授課時數及是否兼任行政主管職等變項不同的教師，其對七項教學發展知能所認知的重要程度平均數是否有顯著差異存在。

一、學校層級與教學發展知能重要程度認知

　　不同學校層級教師之教學發展知能重要程度認知多變項變異數分析結果如表 4-2-3。

表 4-2-3　不同學校層級教師之教學發展知能重要程度認知多變項
　　　　　變異數分析摘要表

變異來源	Wilk's Λ		多變項 F 值		
不同學校層級教師	.975		2.995**		（達顯著水準）
教學發展知能	1.技術學院(n=587)		2.科技大學(n=120)		單變量	事後
	平均數（標準差）		平均數（標準差）		F 值	比較
任教學科知識	3.672	(.015)	3.598	(.034)	3.939*	
教育情境知識	3.455	(.020)	3.298	(.045)	9.965**	
教學法知識	3.663	(.015)	3.618	(.033)	1.579	
學生特性知識	3.547	(.020)	3.413	(.044)	7.694**	
教育目標與價值知識	3.607	(.017)	3.565	(.038)	.997	
課程設計知識	3.537	(.021)	3.473	(.046)	1.591	
整體	3.605	(.015)	3.536	(.032)	3.900*	

*p<.05　**p<.01

　　由表 4-2-3，技術學院教師與科技大學教師的教學發展
知能重要程度認知的變異數分析結果中可知，Wilk's Λ 值
為.975，多變項 F 值為 2.995，達到.01 顯著水準，表示技術
學院教師與科技大學教師在教學發展知能的重要性認知上
有顯著差異。

　　再就單變項 F 值觀之，技術學校教師與科技大學教師對
教學發展知能重要程度的認知，分別在「任教學科知識」（顯
著水準為.05）、「教育情境知識」（顯著水準為.01）、「學
生特性知識」（顯著水準為.01）及教學發展知能「整體上」
（顯著水準為.05）有顯著差異，前述四者均以技術學院教
師所認知的重要程度較高。

　　由以上分析可知，技術學院教師與科技大學教師對於教
學發展知能的重要性認知有所差異，而差異的重點，主要在
於技術學院教師對「任教學科知識」、「教育情境知識」、
「學生特性知識」及教學發展知能「整體上」之重要程度有

較高的認知。

二、學校屬性與教學發展知能重要程度認知

　　不同學校屬性教師之教學發展知能重要程度認知多變項變異數分析結果如表 4-2-4。

表 4-2-4　不同學校屬性教師之教學發展知能重要程度認知多變項變異數分析摘要表

變異來源	Wilk's Λ		多變項 F 值			
不同學校屬性教師	.970		3.578**		（達顯著水準）	
教學發展知能	1.國立(n=185)		2.私立(n=522)		單變量 F 值	事後比較
	平均數（標準差）		平均數（標準差）			
任教學科知識	3.647	(.027)	3.664	(.016)	.266	
教育情境知識	3.331	(.036)	3.462	(.022)	9.702**	
教學法知識	3.621	(.027)	3.668	(.016)	2.309	
學生特性知識	3.420	(.036)	3.561	(.021)	11.614**	
教育目標與價值知識	3.541	(.031)	3.620	(.018)	4.894*	
課程設計知識	3.482	(.037)	3.542	(.022)	1.918	
整體	3.542	(.026)	3.612	(.015)	5.406*	

*p<.05　**p<.01

　　由表 4-2-4，國立技術校院教師與私立技術校院教師的教學發展知能重要程度認知的變異數分析結果中可知，Wilk's Λ 值為.970，多變項 F 值為 3.578，達到.01 顯著水準，表示國立技術校院教師與私立技術校院教師在教學發展知能的重要上有顯著差異。

　　再就單變項 F 值觀之，國立技術校院教師與私立技術校院教師對教學發展知能重要程度的認知，分別在「教育情境知識」、「學生特性知識」、「教育目標與教育價值知識」

及教學發展知能「整體上」等四項有顯著差異。同時亦顯示，私立技術校院教師在這四項知能的重要程度平均數皆高於國立技術校院的教師。

　　由以上分析可知，國立技術校院教師與私立技術校院教師對於教學發展知能的重要有所差異，而差異的重點，主要在於私立技術校院教師對「教育情境知識」、「學生特性知識」、「教育目標與教育價值知識」及「整體」等四項教學知能有較高的重要性認知。

三、教師性別與教學發展知能重要程度認知

　　不同性別教師之教學發展知能重要程度認知多變項變異數分析結果如表 4-2-5。

表 4-2-5　不同性別教師之教學發展知能重要程度認知多變項變異數分析摘要表

變異來源	Wilk's Λ		多變項 F 值			
不同性別教師	.985		1.805		（未達顯著水準）	
教學發展知能	1.男性(n=479)		2.女性(n=225)		單變量 F 值	事後比較
	平均數（標準差）		平均數（標準差）			
任教學科知識	3.653	(.017)	3.672	(.025)	.386	
教育情境知識	3.395	(.023)	3.492	(.033)	5.926	
教學法知識	3.639	(.017)	3.691	(.024)	3.092	
學生特性知識	3.493	(.022)	3.591	(.032)	6.305	
教育目標與價值知識	3.582	(.019)	3.635	(.028)	2.356	
課程設計知識	3.499	(.023)	3.582	(.034)	4.113	
整體	3.573	(.016)	3.635	(.023)	4.673	

*p<.05　**p<.01

　　由表 4-2-5 男性技術校院教師與女性技術校院教師的教學發展知能重要程度認知的變異數分析結果中可知，Wilk's Λ 值為.985，多變項 F 值為 1.805，未達到顯著水準，表示男性技術校院教師與女性技術校院教師在教學發展知能的重要性認知上並無顯著差異。此結果顯示，技術校院教師不因其性別為男性或女性，而在教學發展知能的重要性認知上有所差異。

四、教師最高學歷與教學發展知能重要程度認知

　　不同學歷教師之教學發展知能重要程度認知多變項變異數分析結果如表 4-2-6。

　　由表 4-2-6，不同學歷之技術校院教師的教學發展知能重要程度認知的變異數分析結果中可知，Wilk's Λ 值為.982，多變項 F 值為 2.073，未達到顯著水準，表示在教學發展知能的重要上並無顯著差異。此結果顯示，技術校院教師不因其最高學歷為博士學位或碩士以下學位，而在教學發展知能的重要性認知有所差異。

表 4-2-6 不同學歷教師之教學發展知能重要程度認知多變項變異數分析摘要表

變異來源	Wilk's Λ		多變項 F 值			
不同學歷教師	.982		2.073		（未達顯著水準）	
教學發展知能	1.博士(n=258)		2.碩士以下 (n=443)		單變量 F 值	事後 比較
	平均數（標準差）		平均數（標準差）			
任教學科知識	3.637	(.023)	3.675	(.018)	1.726	
教育情境知識	3.368	(.031)	3.464	(.024)	6.035	
教學法知識	3.638	(.023)	3.670	(.017)	1.273	
學生特性知識	3.469	(.030)	3.559	(.023)	5.614	
教育目標與價值知識	3.588	(.026)	3.610	(.020)	.445	
課程設計知識	3.499	(.031)	3.549	(.024)	1.556	
整體	3.567	(.022)	3.612	(.017)	2.627	

*p<.05　**p<.01

五、教師職級與教學發展知能重要程度認知

　　不同職級教師之教學發展知能重要程度認知多變項變異數分析結果如表 4-2-7。

表 4-2-7 不同職級教師之教學發展知能重要程度認知多變項變異數分析摘要表

變異來源	Wilk's Λ	多變項 F 值				
不同職級教師	.966	2.043*		（達顯著水準）		
教學發展知能	1.教授 (n=30)	2.副／助理 教授 (n=279)	3.講師 (n=392)		單變量 F 值	事後 比較
	平均數 （標準差）	平均數 （標準差）	平均數 （標準差）			
任教學科知識	3.642（.068)	3.642（.022)	3.673（.019)		.629	
教育情境知識	3.247（.090)	3.393（.030)	3.465（.025)		3.801*	3>1
教學法知識	3.678（.066)	3.650（.022)	3.659（.018)		.107	
學生特性知識	3.575（.089)	3.470（.029)	3.559（.025)		2.950*	3>2
教育目標與價值知識	3.574（.077)	3.591（.025)	3.609（.021)		.213	
課程設計知識	3.560（.093)	3.492（.030)	3.548（.026)		1.061	
整體	3.584（.064)	3.575（.021)	3.608（.018)		.697	

*p<.05　**p<.01

　　由表 4-2-7 不同職級之技術校院教師的教學發展知能重
要程度認知的變異數分析結果中可知，Wilk's Λ 值為.966，
多變項 F 值為 2.043，達到.05 顯著水準，表示不同職級的
技術校院教師，其在教學發展知能的重要性認知上有顯著
差異。

　　再就單變項 F 值觀之，不同職級之技術校院教師對教學
發展知能重要程度的認知，分別在「教育情境知識」、「學
生特性知識」二項有顯著差異。若以 Scheffe 法比較，顯示
講師職級技術校院教師對於「教育情境知識」教學知能的重
要程度認知顯著高於教授職級的技術校院教師；同時亦顯
示，講師職級的技術校院教師在「學生特性知識」方面教學
知能之重要程度認知的平均數亦顯著高於副（助理）教授職
級的技術校院教師。

　　由以上分析可知，不同職級之技術校院教師對於教學發
展知能的重要性認知有所差異，而差異的重點，主要在於講
師職級技術校院教師對「教育情境知識」教學知能的重要性
認知高於教授職級的技術校院教師；此外，講師職級技術校
院教師對「學生特性知識」教學知能的重要性認知亦高於副
（助理）教授職級的技術校院教師。

六、教師服務年資與教學發展知能重要程度認知

　　不同服務年資教師之教學發展知能重要程度認知多變
項變異數分析結果如表 4-2-8。

表 4-2-8 不同服務年資教師之教學發展知能重要程度認知多變項
變異數分析摘要表

變異來源	Wilk's Λ	多變項 F 值	
不同年資教師	.968	1.891*	（達顯著水準）

教學發展知能	1.未滿 5 年 (n=214)	2.5年-未滿15年 (n=336)	3.15 年以上 (n=156)	單變量 F 值	事後比較
	平均數（標準差）	平均數（標準差）	平均數（標準差）		
任教學科知識	3.653（.026）	3.670（.020）	3.649（.030）	.216	
教育情境知識	3.439（.034）	3.436（.027）	3.399（.040）	.365	
教學法知識	3.649（.025）	3.643（.020）	3.695（.029）	1.152	
學生特性知識	3.509（.033）	3.522（.027）	3.556（.039）	.436	
教育目標與價值知識	3.569（.028）	3.625（.023）	3.598（.033）	1.211	
課程設計知識	3.460（.034）	3.560（.027）	3.556（.040）	2.883	
整體	3.577（.024）	3.599（.019）	3.611（.028）	.466	

*p<.05　**p<.01

　　由表 4-2-8 不同任教年資教師的教學發展知能重要程度
認知的變異數分析結果中可知，Wilk's Λ 值為.968，多變項
F 值為 1.891，已達.05 顯著水準，表示不同服務年資的技術
校院教師，在教學發展知能的重要上有顯著差異。

　　再就單變項 F 值觀之，儘管不同服務年資的之技術校院
教師在教學發展知能之重要性的認知上有所差異，但本研究
並無法由研究資料中更進一步瞭解不同服務年資教師在各
教學發展知能構面的差異情形。

　　由以上分析可知，不同服務年資之技術校院教師對於教
學發展知能的重要性認知程度有所差異，但是主要差異的來
源，並無法於本研究中呈現出來。

七、每週授課時數與教學發展知能重要程度認知

不同授課時數教師之教學發展知能重要程度認知多變項變異數分析結果如表 4-2-9。

表 4-2-9　不同授課時數教師之教學發展知能重要程度認知多變項變異數分析摘要表

變異來源	Wilk's Λ	多變項 F 值				
不同時數教師	.970	1.752		（未達顯著水準）		
教學發展知能	1.9 小時以下 (n=89)	2.10-15 小時 (n=522)	3.16 小時以上 (n=94)		單變量 F 值	事後比較
	平均數（標準差）	平均數（標準差）	平均數（標準差）			
任教學科知識	3.649（.040）	3.674（.016）	3.588（.039）		2.157	
教育情境知識	3.335（.053）	3.454（.022）	3.362（.051）		3.152	
教學法知識	3.647（.039）	3.666（.016）	3.609（.038）		1.003	
學生特性知識	3.486（.052）	3.533（.021）	3.503（.050）		.449	
教育目標與價值知識	3.625（.045）	3.594（.018）	3.604（.043）		.214	
課程設計知識	3.499（.054）	3.535（.022）	3.509（.052）		.268	
整體	3.577（.038）	3.602（.015）	3.558（.037）		.733	

*p<.05　**p<.01

由表 4-2-9 每週不同授課時數教師的教學發展知能重要程度認知的變異數分析結果中可知，Wilk's Λ 值為.970，多變項 F 值為 1.752，未達顯著水準，表示每週不同授課時數的技術校院教師之教學發展知能的重要程度認知上，沒有顯著差異存在。

由以上分析可知，技術校院教師不因其每週授課時數不同，而有不同的教學發展知能的重要性認知程度。

八、教師是否兼任行政主管職務與教學發展知能重要程度認知

　　教師兼任行政與否之教學發展知能重要程度認知多變項變異數分析結果如表 4-2-10。

表 4-2-10 教師兼任行政與否之教學發展知能重要程度認知多變項變異數分析摘要表

變異來源	Wilk's Λ		多變項 F 值			
不同職務教師	.992		.974		（未達顯著水準）	
教學發展知能	1.未兼行政主管 (n=519)		2.兼行政主管 (n=176)		單變量 F 值	事後 比較
	平均數（標準差）		平均數（標準差）			
任教學科知識	3.646	(.016)	3.703	(.028)	3.087	
教育情境知識	3.429	(.022)	3.424	(.037)	.012	
教學法知識	3.650	(.016)	3.665	(.028)	.215	
學生特性知識	3.523	(.021)	3.523	(.037)	.000	
教育目標與價值知識	3.599	(.018)	3.605	(.032)	.029	
課程設計知識	3.528	(.022)	3.530	(.038)	.001	
整體	3.590	(.016)	3.602	(.027)	.147	

*p<.05　　**p<.01

　　由表 4-2-10 技術校院教師是否兼任行政主管職務對於其教學發展知能重要程度認知的變異數分析結果中可知，Wilk's Λ 值為.992，多變項 F 值為.974，未達顯著水準，表示技術校院教師兼任行政主管職務與否，在教學發展知能的重要程度認知上並無顯著差異。

　　由以上分析可知，技術校院教師不因其兼任行政主管職務與否，而在教學發展知能的重要性認知有所差異。

參、本節綜合討論

　　茲將技術校院教師背景變項對教學發展知能重要性認知的影響情形臚列於表 4-2-11，並就其差異情形綜合分析于后。

　　從本節對技術校院教師對教學發展知能各構面之重要程度認知情形，及教師個人背景特徵與教學發展知能重要認知的分析探討可知，技術校院教師認為最重要的教學發展知能為「任教學科知識」，而「教學法知識」居次，其餘則依序為「教育目標與教學價值知識」、「學生特性知識」、「課程設計知識」及「教育情境知識」。由此可知，技術校院教師對於教學發展知能重要性的看法，普遍以「任教學科知識」、「教學法知識」最為重視，而「教學情境知識」則最容易被忽略。

表 4-2-11 背景變項對教學發展知能重要程度認知考驗摘要表

不同背景變項　　　　　多變項 F 值 構面別	學校 層級	學校 屬性	教師 性別	最高 學歷	教師 職級	服務 年資	授課 時數	兼任 職務
	◉	◉			◉	◉		
任教學科知識	○							
教育情境知識	○	○			○			
教學法知識								
學生特性知識	○	○			○			
教育目標與教育價值 知識		○						
課程設計知識								
整體	○	○						

◉ 表示該背景變項在教學發展知能的重要性認知上達到顯著差異
○ 表示該背景變項在該構面的平均數差異達顯著水準

復從教學發展知能內涵（四十五項知能）觀之，等第最高的十項知能分別屬於「任教學科知識」構面（共二題）與「教學法知識」構面（共八題）；而最不重要的五項知能則分別歸屬於「教育情境知識」構面（共四題）及「學生特性知識」（計有一題），此結果頗能符合之前所發現的結果。

　　另就技術校院教師對於教學發展知能重要性的看法來看，本研究發現技術校院教師性別、每週授課時數、和兼任行政職務與否等，其各項教學發展知能重要性的認知並無顯著差異存在，而教師所任教的學校層級、學校屬性、職級與服務年資等，皆可能造成其對教學發展知能重要程度認知的差異，唯技術校院教師的服務年資而言，雖就整體的多變量變異數分析而言，教師教學發展知能的重要性認知有所差異，但從個別的單變項變異數分析的結果，不同年資教師在各構面的重要性程度認知並未呈現顯著的差異性。

　　在學校層級方面，研究結果顯示技術學院教師對「任教學科知識」、「教育情境知識」、「學生特性知識」及「整體上」等教學發展知能項目之重要性認知顯著高於任教於科技大學的教師。其次，就學校屬性而言，私立技術校院教師對「教育情境知識」、「學生特性知識」、「教育目標與教育價值知識」及「整體」等教學發展知能項目有較高的重要性認知，而國立技術校院教師對於這四項教學發展知能的重要性認知則明顯較低。

　　由教師所屬職級來看，不同職級之技術校院教師在教學發展知能的重要性認知上的差異，主要在於講師職級技術校院教師對「教育情境知識」教學知能重要性的認知顯著高於

教授職級的技術校院教師;此外,講師職級技術校院教師對
「學生特性知識」教學知能的重要性認知亦顯著高於副(助
理)教授職級的技術校院教師。

　　最後,在技術校院教師之服務年資方面,不同服務年資
之技術校院教師之教學發展知能的重要性認知有所差異,但
本研究並無法清楚呈現此差異之所在。不過,就三類不同服
務年資教師群,對於各構面教學知能的認知平均值而言,資
淺教師似乎最重視教育情境知識,而資深教師則比較重視教
學法與學生特性知識。這可能是因為多數的技術校院教師係
來自學術體系學校,初到技職體系學校對於任教情境比較不
熟悉,因此會認知到教育情境知識的重要性,而資深的教師
雖然教學年資超過 15 年以上,也正因為資深之故,可能比
較難以理解新世代學生的特性,因此會比較重視學生特性知
識與教學法。而在具有顯著差異的教師背景中,比較特別的
現象是私立學校教師、技術學院教師、講師層級教師、具碩
士學歷教師、與女性教師等,對於教學發展各個構面的認知
平均值普遍多高於公立學校教師、科技大學教師、助理教授
以上層級教師、具博士學位教師、及男性教師,顯見具有這
幾個背景特徵的技術校院教師似乎比較重視教學知能。

第三節　技術校院教師對教學發展知能現況之分析

　　本節旨在根據實際調查所得資料，分析技術校院教師背景特徵與其對教學發展知能現況的關係，此處所稱的背景特徵包括其任教學校層級、學校屬性、性別、學歷、職級、年資、每週授課時數及是否兼任職務情形等；而教學發展知能現況則為技術校院教師所認知到的教學發展知能現況（符合程度）情形，以其在本研究工具中的填答衡鑑之。全節共分三部分，第一部分為技術校院教師在教學發展知能現況（符合程度）各構面認知情形的分析，第二部分為教師個人背景特徵與教學發展知能現況認知之分析，第三部分則為本節的綜合討論。

　　以下茲就技術校院教師在教學發展知能各構面現況之認知情形及背景變項之差異分析如后。

壹、技術校院教師在教學發展知能現況各構面之認知情形

　　此一部分探討技術校院教師對於教學發展知能現況的認知情形。本研究茲將技術校院教師在六個教學發展知能構面與四十五個教學發展知能問項所評定的符合程度之填答個數、平均數、標準差及平均數之等第次序等，分別列於表4-3-1與表4-3-2。

　　首先，從表 4-3-1 可知，技術校院教師在教學上也大致能夠符合前述的「重要程度」之認知（即符合程度平均數介於 3 至 3.5 之間）。而就教學現場的狀況而言，教學發展知能以「教學法知識」為最高，其次為「任教學科知識」，其餘依序為「課程設計知識」、「學生特性知識」、「教育目標與教育價值知識」及「教學情境知識」。由此可知，技術校院教師對於教學發展知能符合程度的看法，與重要程度認知有相同的情形，皆以「任教學科知識」、「教學法知識」最為重視，而以「教學情境知識」最容易被忽略。

表 4-3-1　技術校院教師在「教學發展知能」符合程度各構面之選答情形

構面別	符合程度			
	人數	平均數	（標準差）	等第
任教學科知識	752	3.33	(.49)	2
教育情境知識	750	3.06	(.55)	6
教學法知識	742	3.47	(.39)	1
學生特性知識	756	3.23	(.52)	4
教育目標與教育價值知識	750	3.22	(.50)	5
課程設計知識	760	3.29	(.58)	3

　　其次，就技術校院教師在四十五個教學發展知能的符合現況觀之，參見表 4-3-2，其符合程度介於 2.90 至 3.67 之間，其中，等第最高的十項知能依次為：「不隨意調課或找人代課」、「親切誠懇地回答學生問題」、「精通任教學科的專業知識」、「熱愛目前的教學工作」、「條理分明地表達自己的想法」、「有系統呈現教學內容」、「對待學生公平而不偏心」、「適時給予學生鼓勵與指導」、「提供明確的教

學計畫或進度表」、「與學生建立良好的互動關係」，而認為最不重要的五項知能依次為：「瞭解可運用的社區資源與相關產業資源」、「瞭解當前技職教育和社會、經濟之間的互動關係」、「瞭解技職教育的發展趨勢」、「瞭解相關產業的概況與未來發展趨勢」、「具備任教領域相關業界的實務經驗」。其中，等第最高的十項知能分別屬於「任教學科知識」構面（計有一題）與「教學法知識」構面（共九題）；而最不重要的五項知能則分別歸屬於「教育情境知識」構面（共四題）及「任教學科知識」（計有一題）。

表 4-3-2 技術校院教師在「教學發展知能」符合程度各題項之選答情形

項目	題號	填答人數	非常重要 人數（百分比）	重要 人數（百分比）	不重要 人數（百分比）	非常不重要 人數（百分比）	平均數（標準差）	等第
任教學科	1	769	446(58.0)	305(39.7)	17(2.2)	1(.1)	3.56(.55)	3
	2	764	346(45.3)	370(48.4)	42(5.5)	6(.8)	3.38(.63)	17
	3	766	216(28.2)	397(51.8)	138(18.0)	15(2.0)	3.06(.73)	42
	4	762	324(42.5)	370(48.6)	59(7.7)	9(1.2)	3.32(.67)	21
教育情境	5	762	241(31.6)	405(53.1)	108(14.2)	8(1.0)	3.15(.69)	38
	6	767	213(27.8)	391(51.0)	149(19.4)	14(1.8)	3.05(.74)	43
	7	766	207(27.0)	437(57.0)	115(15.0)	7(.9)	3.10(.67)	41
	8	767	181(23.6)	445(58.0)	129(16.8)	12(1.6)	3.04(.68)	44
	9	767	158(20.6)	405(52.8)	177(23.1)	27(3.5)	2.90(.75)	45
教學法	10	765	419(54.8)	308(40.3)	35(4.6)	3(.4)	3.49(.60)	9
	11	769	307(39.9)	355(46.2)	95(12.4)	11(1.4)	3.29(1.29)	24
	12	764	406(53.1)	322(42.1)	34(4.5)	2(.3)	3.48(.60)	10
	13	769	357(46.4)	357(46.4)	54(7.0)	1(.1)	3.39(.62)	15
	14	768	431(56.1)	311(40.5)	25(3.3)	1(.1)	3.53(.57)	5
	15	769	436(56.6)	309(40.2)	25(3.3)	0(0)	3.53(.56)	5
	16	769	335(43.6)	381(49.5)	51(6.6)	2(.3)	3.36(.62)	19
	17	769	400(52.0)	338(44.0)	30(3.9)	1(.1)	3.48(.58)	10

	18	768	396(51.6)	347(45.2)	22(2.9)	3(.4)	3.48(.58)	10
	19	768	359(46.7)	351(45.7)	57(7.4)	1(.1)	3.39(.63)	15
	20	770	388(50.4)	341(44.3)	40(5.2)	1(.1)	3.45(.60)	13
	21	766	473(61.7)	473(32.1)	41(5.4)	6(.8)	3.55(.63)	4
	22	768	261(34.0)	261(49.6)	118(15.4)	8(1.0)	3.17(.71)	34
	23	769	413(53.7)	328(42.7)	27(3.5)	1(.1)	3.50(.57)	8
	24	767	479(62.5)	273(35.6)	14(1.8)	1(.1)	3.60(.53)	2
	25	766	378(49.3)	361(47.1)	24(3.1)	3(.4)	3.45(.58)	13
	26	768	423(55.1)	317(41.3)	28(3.6)	0(0)	3.51(.57)	7
	27	768	550(71.6)	189(24.6)	26(3.4)	3(.4)	3.67(.56)	1
學生特性	28	766	325(42.4)	378(49.3)	59(7.7)	4(.5)	3.34(.64)	20
	29	768	237(30.9)	431(56.1)	96(12.5)	4(.5)	3.17(.65)	34
	30	767	211(27.5)	448(58.4)	103(13.4)	5(.7)	3.13(.65)	39
	31	764	276(36.1)	414(54.2)	73(9.6)	1(.1)	3.26(.63)	27
教育目標與教育價值	32	770	290(37.7)	395(51.3)	78(10.1)	7(.9)	3.26(.67)	27
	33	765	358(46.8)	340(44.4)	59(7.7)	8(1.0)	3.37(.67)	18
	34	767	250(32.6)	421(54.9)	91(11.9)	5(.7)	3.19(.66)	32
	35	767	265(34.6)	408(53.2)	92(12.0)	2(.3)	3.22(.65)	30
	36	769	251(32.6)	415(54.0)	96(12.5)	7(.9)	3.18(.67)	33
	37	768	257(33.5)	395(51.4)	109(14.2)	7(.9)	3.17(.70)	34
	38	766	241(31.5)	425(55.5)	93(12.1)	7(.9)	3.17(.67)	34
	39	767	221(28.8)	434(56.6)	101(13.2)	11(1.4)	3.13(.68)	39
	40	767	250(32.6)	429(55.9)	81(10.6)	7(.9)	3.20(.65)	31
課程設計	41	766	256(33.4)	433(56.5)	69(9.0)	7(.9)	3.27(1.28)	26
	42	765	297(38.8)	397(51.9)	69(9.0)	2(.3)	3.29(.64)	24
	43	769	321(41.7)	362(47.1)	83(10.8)	3(.4)	3.30(.67)	23
	44	770	319(41.4)	372(48.3)	78(10.1)	1(.1)	3.31(.65)	22
	45	770	305(39.6)	376(48.8)	76(9.9)	13(1.7)	3.26(.70)	27

綜合前述可知，目前技術校院教師對於教學發展知能現況之認知，多偏重「教學法」及「任教學科」兩方面的知識，而對於「教育情境」方面的知識則較為忽略，而未受重視。

貳、教師個人背景特徵與教學發展知能現況認知之分析

　　此一部分擬探討技術校院教師的背景特徵不同，其教學發展知能現況（符合程度）的認知是否也有差異，藉以蠡測不同背景變項技術校院教師之教學發展現況認知的差異情形。比較分析的方法為「單因子多變項變異數分析」，用以考驗學校層級、學校屬性、教師性別、最高學歷、教師職級、服務年資、每週授課時數及教師是否兼任行政主管職等不同，對六項教學發展知能現況所認知的平均數是否有顯著差異。

一、學校層級與教學發展知能現況認知

　　不同學校層級教師之教學發展知能現況認知多變項變異數分析結果如表 4-3-3。

表 4-3-3　不同學校層級教師之教學發展知能現況認知多變項變異數分析摘要表

變異來源	Wilk's Λ		多變項 F 值			
不同學校層級教師	.996		.453		（未達顯著水準）	
教學發展知能	1.技術學院 (n=561)		2.科技大學 (n=116)		單變量 F 值	事後 比較
	平均數（標準差）		平均數（標準差）			
任教學科知識	3.350	(.020)	3.362	(.045)	.062	
教育情境知識	3.070	(.023)	3.095	(.051)	.205	
教學法知識	3.472	(.016)	3.489	(.036)	.174	
學生特性知識	3.250	(.022)	3.226	(.048)	.197	
教育目標與價值知識	3.229	(.021)	3.259	(.046)	.342	
課程設計知識	3.310	(.025)	3.364	(.054)	.824	
整體	3.330	(.016)	3.350	(.036)	.264	

*p<.05　**p<.01

　　由表 4-3-3 技術學院教師與科技大學教師的教學發展知能現況的變異數分析結果中可知，Wilk's Λ 值為.996，多變項 F 值為.453，未達到顯著水準，表示技術學院教師與科技大學教師在教學發展知能現況的認知上並無顯著差異。

　　以上分析顯示，技術校院教師不因其任教學校層級為科技大學或技術學院，而在教學發展知能的現況認知方面有所差異。

二、學校屬性與教學發展知能現況認知

　　不同學校屬性教師之教學發展知能現況認知多變項變異數分析結果如表 4-3-4。

　　由表 4-3-4 國立技術校院教師與私立技術校院教師的教學發展知能現況的變異數分析結果中可知，Wilk's Λ 值為.985，多變項 F 值為 1.654，未達到顯著水準，表示國立技術校院教師與私立技術校院教師在教學發展知能的現況認知上並沒有顯著之差異。

表 4-3-4　不同學校屬性教師之教學發展知能現況認知多變項變異數分析摘要表

變異來源	Wilk's Λ		多變項 F 值			
不同學校屬性教師	.985		1.654		（未達顯著水準）	
教學發展知能	1.國立　（n=175）		2.私立　（n=502）		單變量	事後
	平均數（標準差）		平均數（標準差）		F 值	比較
任教學科知識	3.293	(.036)	3.373	(.021)	3.55	
教育情境知識	2.979	(.041)	3.107	(.024)	7.08	
教學法知識	3.448	(.029)	3.485	(.017)	1.20	
學生特性知識	3.179	(.039)	3.269	(.023)	4.04	
教育目標與價值知識	3.204	(.038)	3.244	(.022)	.85	
課程設計知識	3.273	(.044)	3.335	(.026)	1.47	
整體	3.290	(.029)	3.349	(.017)	3.01	

*p<.05　**p<.01

由以上分析顯示，技術校院教師不因其任教學校為國立
技術校院或私立技術校院，而在教學發展知能的現況認知上
有所差異。

三、教師性別與教學發展知能現況認知

　　不同性別教師之教學發展知能現況認知多變項變異數
分析結果如表 4-3-5。

表 4-3-5　不同性別教師之教學發展知能現況認知多變項變異數分
　　　　析摘要表

變異來源	Wilk's Λ		多變項 F 值			
不同性別教師	.974		2.941**		（達顯著水準）	
教學發展知能	1 男性 (n=461)		2.女性 (n=213)		單變量	事後
	平均數（標準差）		平均數（標準差）		F 值	比較
任教學科知識	3.380	(.022)	3.296	(.033)	4.495*	
教育情境知識	3.103	(.025)	3.008	(.037)	4.393*	
教學法知識	3.471	(.018)	3.487	(.026)	.256	
學生特性知識	3.246	(.024)	3.249	(.035)	.006	
教育目標與價值知識	3.257	(.023)	3.186	(.034)	2.957	
課程設計知識	3.338	(.027)	3.280	(.040)	1.450	
整體	3.344	(.018)	3.312	(.026)	1.002	

*p<.05　**p<.01

　　由表 4-3-5 男性技術校院教師與女性技術校院教師的教
學發展知能現況的變異數分析結果中可知，Wilk's Λ 值
為.974，多變項 F 值為 2.941，達到.01 顯著水準，表示男性
技術校院教師與女性技術校院教師在教學發展知能的現況
認知上有顯著差異。

　　再就單變項 F 值觀之，女性技術校院教師與男性技術校
院教師對教學發展知能現況的認知，分別在「任教學科知

識」、「教育情境知識」達到 .05 顯著水準，同時亦顯示，男性技術校院教師在前述二項知能現況認知的平均數皆高於女性技術校院的教師。

　　由以上分析可知，男性技術校院教師與女性技術校院教師在教學發展知能的現況認知方面有所差異，而差異的重點。主要在於男性技術校院教師對於「任教學科知識」與「教育情境知識」所認知的現況平均皆高於女性之技術校院師。

四、教師最高學歷與教學發展知能現況認知

　　不同學歷教師之教學發展知能現況認知多變項變異數分析結果如表 4-3-6。

表 4-3-6　不同學歷教師之教學發展知能現況認知多變項變異數分析摘要表

變異來源	Wilk's Λ		多變項 F 值			
不同學歷教師	.988		1.378		（未達顯著水準）	
教學發展知能	1.博士 (n=248)		2.碩士以下 (n=424)		單變量 F 值	事後比較
	平均數（標準差）		平均數（標準差）			
任教學科知識	3.372	(.031)	3.341	(.023)	.627	
教育情境知識	3.100	(.035)	3.064	(.027)	.670	
教學法知識	3.481	(.024)	3.475	(.019)	.043	
學生特性知識	3.217	(.033)	3.267	(.025)	1.477	
教育目標與價值知識	3.237	(.032)	3.237	(.024)	.000	
課程設計知識	3.356	(.037)	3.303	(.028)	1.323	
整體	3.343	(.025)	3.332	(.019)	.121	

*p<.05　**p<.01

　　由表 4-3-6 不同學歷之技術校院教師的教學發展知能現況的變異數分析結果中可知，Wilk's Λ 值為.988，多變項 F

值為 1.378，未達到顯著水準，表示不同學歷之技術校院教師在教學發展知能的現況認知上並無顯著差異。

　　以上分析顯示，技術校院教師不因其最高學歷為博士學位或碩士以下學位，而在教學發展知能的現況認知方面有所差異。

五、教師職級與教學發展知能現況認知

　　不同職級教師對教學發展知能現況認知多變項變異數分析結果如表 4-3-7。

　　由表 4-3-7 不同職級之技術校院教師教學發展知能現況的變異數分析結果中可知，Wilk's Λ 值為.973，多變項 F 值為 1.529，未達到顯著水準，表示不同職級技術校院教師在教學發展知能的現況上並無顯著差異。

表 4-3-7　不同職級教師對教學發展知能現況認知多變項變異數分析摘要表

變異來源	Wilk's Λ	多變項 F 值				
不同職級教師	.973	1.529	（未達顯著水準）			
教學發展知能	1.教授 (n=27)	2.副／助理教授 (n=267)	3.講師 (n=378)	單變量 F 值	事後 比較
	平均數 （標準差）	平均數 （標準差）	平均數 （標準差）		
任教學科知識	3.491（.093）	3.375（.029）	3.324.025）	2.070	
教育情境知識	3.111（.105）	3.091（.033）	3.058（.028）	.355	
教學法知識	3.574（.074）	3.474（.023）	3.471（.020）	.930	
學生特性知識	3.407（.098）	3.203（.031）	3.265（.026）	2.536	
教育目標與價值知識	3.432（.096）	3.221（.031）	3.230（.026）	2.215	
課程設計知識	3.519（.112）	3.332（.036）	3.296（.030）	1.932	
整體	3.466（.074）	3.332（.024）	3.326（.020）	1.654	

*p<.05　**p<.01

由以上分析可知，技術校院教師不因其擔任職級為教授、副（助理）教授或講師，在教學發展知能的現況認知上沒有所差異存在。

六、教師服務年資與教學發展知能現況認知

不同服務年資教師之教學發展知能現況認知多變項變異數分析結果如表 4-3-8。

由表 4-3-8，不同任教年資教師的教學發展知能現況的變異數分析結果中可知，Wilk's Λ 值為.963，多變項 F 值為 2.112，達.05 顯著水準，表示不同服務年資技術校院教師在教學發展知能的現況上有顯著差異。

再就單變項 F 值觀之，不同教師服務年資間具有顯著差異之教學發展知能只有「學生特性知識」一項（達 .01 顯著水準）。進一步以 Scheffe 法比較，顯示服務年資在 15 年以上之技術校院教師的現況認知平均高於未滿 5 年服務年資的技術校院教師，兩者差異具有顯著性。

表 4-3-8 不同服務年資教師之教學發展知能現況認知多變項變異
數分析摘要表

變異來源	Wilk's Λ	多變項 F 值				
不同年資教師	.963	2.112*			（達顯著水準）	
教學發展知能	1.未滿 5 年 (n=204)	2.5 年-未滿 15 年 (n=327)	3.15 年以上 (n=145)		單變量 F 值	事後 比較
	平均數 （標準差）	平均數 （標準差）	平均數 （標準差）			
任教學科知識	3.354（.034）	3.329（.027）	3.402（.040）	1.151		
教育情境知識	3.040（.038）	3.078（.030）	3.112（.046）	.741		
教學法知識	3.485（.027）	3.446（.021）	3.527（.032）	2.335		
學生特性知識	3.172（.036）	3.250（.028）	3.343（.042）	4.802**	3>1	
教育目標與價值知識	3.192（.035）	3.239（.028）	3.290（.041）	1.630		
課程設計知識	3.259（.041）	3.341（.032）	3.364（.048）	1.758		
整體	3.312（.027）	3.324（.021）	3.388（.032）	1.826		

*$p<.05$　**$p<.01$

　　由以上分析可知，不同服務年資之技術校院教師在教
學發展知能的現況認知方面有所差異，而差異的來源，主
要是服務年資在 15 年以上的技術校院教師在「學生特性知
識」之現況認知平均顯著高於未滿 5 年服務年資的技術校
院教師。

七、每週授課時數與教學發展知能現況認知

　　不同授課時數教師之教學發展知能現況認知多變項變
異數分析結果如表 4-3-9。

　　由表 4-3-9 每週不同授課時數教師教學發展知能現況的
變異數分析結果中可知，Wilk's Λ 值為.967，多變項 F 值為
1.865，已達.05 顯著水準，表示每週不同授課時數技術校院
教師的教學發展知能現況認知有顯著差異存在。

再就單變項 F 值觀之，不同授課時數教師之間並無法顯示具有顯著差異之教學發展知能構面，此研究結果亦表示，僅管每週不同授課時數的技術校院教師，在教學發展知能的現況認知上有顯著差異，但本研究並無法藉由單變項變異數分析的結果得知其真正差異之所在。

表 4-3-9　不同授課時數教師之教學發展知能現況認知多變項變異數分析摘要表

變異來源	Wilk's Λ	多變項 F 值	
不同時數教師	.967	1.865*	（達顯著水準）

教學發展知能	1.9 小時以下 (n=86)	2.10-15 小時 (n=502)	3.16 小時以上 (n=88)	單變量 F 值	事後比較
	平均數（標準差）	平均數（標準差）	平均數（標準差）		
任教學科知識	3.387（.052）	3.356（.022）	3.295（.051）	.838	
教育情境知識	3.151（.059）	3.080（.024）	2.959（.058）	2.832	
教學法知識	3.416（.041）	3.492（.017）	3.434（.041）	2.045	
學生特性知識	3.177（.055）	3.260（.023）	3.222（.055）	1.054	
教育目標與價值知識	3.271（.054）	3.234（.022）	3.197（.053）	.479	
課程設計知識	3.316（.063）	3.326（.026）	3.284（.062）	.197	
整體	3.323（.042）	3.344（.017）	3.286（.041）	.866	

*p<.05　**p<.01

八、教師是否兼任行政主管職務與教學發展知能現況認知

教師兼任行政與否之教學發展知能現況認知多變項變異數分析結果如表 4-3-10。

由表 4-3-10 是否兼任行政主管職務的技術校院教師，就教學發展知能現況的變異數分析結果中可知，Wilk's Λ 值為.977，多變項 F 值為 2.534，已達.05 顯著水準，表示技術

校院教師兼任行政主管職務與否，其教學發展知能的現況認知上有顯著差異。

　　再就單變項 F 值觀之，兼任行政主管職務的教師對於「任教學科知識」、「教育情境知識」、「教育目標與價值知識」、「課程設計知識」等四項教學發展知能及「整體」的現況認知顯著高於未兼任行政主管之技術校院教師。

　　由以上分析可知，技術校院教師兼任行政主管職務與否，其於教學發展知能的現況認知有所差異，而差異的來源為兼任行政主管職務的技術校院教師在「任教學科知識」、「教育情境知識」、「教育目標與價值知識」、「課程設計知識」等四項教學發展知能及「整體」方面的現況認知符合程度較高。

表 4-3-10教師兼任行政與否之教學發展知能現況認知多變項變異數分析摘要表

變異來源	Wilk's Λ		多變項 F 值			
不同職務教師	.977		2.534*		（達顯著水準）	
教學發展知能	1.未兼行政主管 (n=499)		2.兼行政主管 (n=168)		單變量 F 值	事後 比較
	平均數（標準差）		平均數（標準差）			
任教學科知識	3.321	(.022)	3.440	(.037)	7.716**	
教育情境知識	3.033	(.024)	3.182	(.042)	9.354**	
教學法知識	3.458	(.017)	3.521	(.030)	3.342	
學生特性知識	3.225	(.023)	3.301	(.040)	2.688	
教育目標與價值知識	3.202	(.022)	3.322	(.038)	7.349**	
課程設計知識	3.277	(.026)	3.443	(.045)	10.208**	
整體	3.307	(.017)	3.408	(.030)	8.650**	

*p<.05　**p<.01

參、本節綜合討論

從本節對技術校院教師在教學發展知能現況各構面認知情形，及教師個人背景特徵與教學發展知能現況認知的分析探討可知，技術校院教師認為現況最符合的教學發展知能以「教學法知識」為最高，其次為「任教學科知識」，其餘依序為「課程設計知識」、「學生特性知識」、「教育目標與教育價值知識」及「教育情境知識」，由此可知，技術校院教師對於教學發展知能現況的看法，以「任教學科知識」、「教學法知識」最為重視，而以「教育情境知識」最容易被忽略。

復從教學發展知能內涵（四十五項知能）觀之，等第最高的十項知能中，有九項分佈於「教學法知識」構面；而最不重要的五項知能則主要歸屬於「教育情境知識」構面（共四題）。此結果與前節的結果比較可以看出，技術校院教師在教學發展知能各個構面的重要程度認知上以任教學科知識及教學法知識最為重要，同時也認為自己最具備這兩個構面的教學知能，技術校院教師最不重視的教育情境相關知識等構面，也是技術校院教師相對的比較不足的構面，包含教育情境知能、教育目標與教育價值知能，及學生特性知識等。

另就技術校院教師對於教學發展知能現況的看法來看，本研究發現不同學校層級、屬性及教師的學歷、職級等技術校院教師，其在各項教學發展知能現況的認知上，並無顯著差異存在，而不同性別、服務年資、每週授課時數、和兼任行政職務與否等之教師，其教學發展知能現況的認知則

存在差異，唯雖從多變項變異數分析的結果中可以發現每週授課時數不同之教師，其在教學發展知能現況的認知上也有差異，但從單變項變異數分析的結果中，卻無法獲悉其差異之情形。

　　茲將技術校院教師背景變項對教學發展知能現況的影響情形列於表 4-3-11，並就其差異情形統述如后。

表 4-3-11　背景變項對教學發展知能現況認知考驗摘要表

不同背景變項	學校層級	學校屬性	教師性別	最高學歷	教師職級	服務年資	授課時數	兼任職務
多變項 F 值　　　　構面別			●			●	●	●
任教學科知識			○					○
教育情境知識			○					○
教學法知識								
學生特性知識						○		
教育目標與教育價值知識								○
課程設計知識								○
整體								○

●表示該背景變項在教學發展知能的現況認知上達到顯著差異
○表示該背景變項在該構面的平均數差異達顯著水準

　　就性別而言，男性技術校院教師在「任教學科知識」與「教育情境知識」等方面的現況認知平均皆高於女性之技術校院師。其次，就不同服務年資技術校院教師之教學發展知能的現況來說，本研究發現服務年資在 15 年以上的技術校院教師在「學生特性知識」之現況認知平均顯著高於未滿 5年服務年資的技術校院教師。

　　本節中最特別之處在於，兼任行政主管職務的技術校院教師在「任教學科知識」、「教育情境知識」、「教育目標

與價值知識」、「課程設計知識」等四項教學發展知能及「整體」方面的現況認知程度較高,換言之,兼任行政主管的技術校院教師雖然在前節的各知能重要性認知並無顯著差異,但在本節則顯示兼任行政職務的教師似乎對於自己在教學發展知能方面更具信心。

第四節　技術校院教師教學發展知能需求認知之分析

　　本節旨在根據實際調查所得資料，分析技術校院教師背景特徵與其對教學發展知能需求的關係，此處所稱的背景特徵包括任教學校層級、學校屬性、性別、學歷、職級、年資、每週授課時數及是否兼任職務情形等；而教學發展知能需求則為技術校院教師認知的教學發展知能重要性（重要程度）與其教學現況（符合程度）之間的差距。全節共分三部分，第一部分為技術校院教師在教學發展知能需求各構面認知情形的分析，第二部分為教師個人背景特徵與教學發展知能需求認知之分析，第三部分則為本節的綜合討論。

　　以下茲就技術校院教師在教學發展知能各構面需求之認知情形及背景變項之影響分析如后。

壹、技術校院教師在教學發展知能「需求程度」各構面之認知情形

　　此一部分探討技術校院教師認知的教學發展知能重要程度與教學現況符合程度之間的差距，本研究中將此差距視為教師教學發展知能之「需求程度」。為考驗技術校院教師教學發展知能重要程度與符合程度間是否存有顯著的差距，本研究特以相依樣本平均數差異的 t 檢定的方法，考驗

技術校院教師對於教學發展知能所評之「重要程度」平均數與「符合程度」平均數之間的差距是否具有顯著性。茲將技術校院教師兩類平均數的 t 檢定結果，依構面別與問項別，依序列於表 4-4-1 和表 4-4-2。

從表 4-4-1 可知，技術校院教師在六個教學發展知能構面的「重要程度」平均數皆顯著高於「符合程度」平均數（顯著水準達 .01），足見六種教學發展知能有待加強的空間。易言之，技術校院教師所認知的教學發展重要程度與教學現況的符合程度之間存有顯著的差距。而就「需求程度」觀之，技術校院教師認為需求最大的是「教育目標與教學價值知識」，其次為「教育情境知識」，而需求最小的則為「教學法知識」，顯見技術校院教師對於自己的教學知能有相當程度的自信，這個發現與 Maxwell 和 Kazlauskas(1992)的結論類似，這兩位學者的研究結論指出，大學教師們常會高估自己的教學能力與教學成效，也因此大學教師參予教學相關研習課程的意願低落；此外，國內學者斯定國（民 81）的研究也顯示大學教師傾向於花更多的時間在研究而非教學上，究其原因也是因為大學教師大多對自己的教學知能有足夠的信心。

表 4-4-1　技術校院教師在「教學發展知能——需求程度」（各構面）
之 t 檢定

構面別	重要程度 平均數 （標準差）	符合程度 平均數 （標準差）	需求程度 平均數 （標準差）	t 值	需求 程度 等第
任教學科知識	3.66(.38)	3.33(.49)	.33(.48)	18.75**	3
教育情境知識	3.42(.49)	3.06(.55)	.37(.58)	17.37**	2
教學法知識	3.65(.36)	3.47(.39)	.19(.35)	14.67**	6
學生特性知識	3.52(.48)	3.23(.52)	.29(.53)	15.37**	4
教育目標與教育價值知識	3.60(.42)	3.22(.50)	.38(.50)	20.84**	1
課程設計知識	3.52(.51)	3.29(.58)	.23(.56)	11.28**	5

*p<.05　**p<.01

　　其次，由表 4-4-2 可知，技術校院教師在四十五個教學
發展知能問項的「重要程度」平均數，除了第 27 題「能夠
不隨意調課或找人代課」低於「符合程度」平均數外，其餘
問題（教學發展知能）皆顯著高於「符合程度」之平均數（顯
著水準為.01），亦即技術校院教師所認知的教學發展重要
程度與教學現況的符合程度之間存有顯著的差距。

　　復從需求程度的等第觀之，技術校院教師認知需求最大
的前十項教學發展知能依次為：①能夠增進學生創意思考的
能力；②能夠瞭解相關產業的概況與未來發展趨勢；②能夠
瞭解在教學上可運用的社區資源及相關產業資源；④能夠具
備任教領域相關業界的實務經驗；④能夠增強學生分析、綜
合、邏輯的能力；⑥能夠培養學生獨立學習的能力；⑦能夠
啟發學生的學習興趣；⑦能夠有助於學生發展問題解決的能
力；⑨能夠增強學生資料蒐集的能力；以及⑩能夠以幽默風
趣的方式進行教學，前述十項知能中，歸屬於「教育目標與
教育價值知識」者計有六項，為需求項目最多的構面；其次

為「教育情境知識」，計有二項；而「任教學科知識」與「教學法知識」則各有一項。

另外，就需求最小的前十項教學發展知能而言，則依序為：①能夠不隨意調課或隨意找人代課；②在上課時能夠精準的掌握教學內容不偏離主題；③能夠提供明確的教學計畫或進度表；④能夠親切誠懇的回答學生問題；⑤能夠對於學生想法或表達保持中立客觀的立場；⑥對待學生能夠做到公平而不偏心；⑦能夠運用各種教學媒體進行教學；⑧能夠客觀公正的評量學生之學習成就；⑧能夠熱愛目前的教學工作；⑩能夠瞭解任教領域相關職場的工作倫理，以及⑩能夠瞭解任教科系的教育目標等，其中歸屬於「教育法知識」者計有九項；其次為「任教學科知識」與「教學目標與教育價值知識」各有一項。

表 4-4-2　技術校院教師在「教學發展知能──需求程度」（各問項）之 t 檢定

項目	題號	重要程度 平均數（標準差）	符合程度 平均數（標準差）	需求程度 平均數（標準差）	t 值	需求程度等第
任教學科	1	3.87 (.39)	3.55 (.55)	.31 (.58)	15.13**	17
	2	3.75 (.46)	3.38 (.63)	.36 (.65)	15.56**	13
	3	3.52 (.60)	3.06 (.73)	.46 (.78)	16.23**	4
	4	3.50 (.63)	3.32 (.67)	.18 (.66)	7.49**	35
教育情境	5	3.36 (.67)	3.15 (.69)	.20 (.73)	7.69**	31
	6	3.40 (.66)	3.05 (.74)	.35 (.77)	12.75**	14
	7	3.57 (.57)	3.10 (.67)	.47 (.73)	17.75**	2
	8	3.42 (.64)	3.04 (.68)	.38 (.77)	13.68**	11
	9	3.37 (.68)	2.90 (.75)	.47 (.81)	16.10**	2
教學法	10	3.58 (.61)	3.49 (.60)	.09 (.63)	3.70**	43
	11	3.45 (.67)	3.29 (1.29)	.16 (1.29)	3.42**	39
	12	3.76 (.46)	3.48 (.60)	.28 (.61)	12.78**	19
	13	3.71 (.50)	3.39 (.620)	.32 (.62)	14.31**	32
	14	3.76 (.46)	3.53 (.57)	.23 (.58)	11.11**	28
	15	3.78 (.45)	3.53 (.56)	.25 (.56)	12.28**	23

	16	3.60 (.54)	3.36 (.62)	.24 (.62)	10.47**	26
	17	3.56 (.58)	3.48 (.58)	.08 (.59)	3.85**	44
	18	3.65 (.53)	3.48 (.58)	.17 (.57)	8.37**	37
	19	3.65 (.53)	3.39 (.63)	.26 (.62)	11.76**	21
	20	3.64 (.52)	3.45 (.60)	.19 (.57)	9.21**	33
	21	3.72 (.53)	3.55 (.63)	.17 (.62)	7.55**	37
	22	3.55 (1.55)	3.16 (.71)	.39 (1.62)	6.61**	10
	23	3.69 (.51)	3.50 (.57)	.19 (.55)	9.33**	33
	24	3.70 (.52)	3.60 (.53)	.10 (.55)	4.83**	42
	25	3.60 (.56)	3.45 (.58)	.14 (.59)	6.74**	41
	26	3.67 (.52)	3.51 (.57)	.15 (.57)	7.44**	40
	27	3.62 (.59)	3.67 (.56)	-.05 (.53)	-2.71**	45
學生特性	28	3.59 (.57)	3.34 (.64)	.26 (.64)	11.18**	21
	29	3.52 (.58)	3.17 (.65)	.34 (.69)	13.84**	15
	30	3.44 (.61)	3.13 (.65)	.31 (.69)	12.41**	17
	31	3.53 (.59)	3.26 (.63)	.27 (.65)	11.25**	20
教育目標與教育價值	32	3.47 (.64)	3.26 (.67)	.21 (.66)	8.84**	30
	33	3.55 (.60)	3.37 (.67)	.18 (.67)	7.54**	35
	34	3.57 (.57)	3.19 (.66)	.38 (.72)	14.49**	11
	35	3.64 (.53)	3.22 (.65)	.42 (.68)	17.09**	7
	36	3.63(.54)	3.18 (.67)	.45 (.72)	17.05**	6
	37	3.58 (.58)	3.17 (.70)	.40 (.74)	15.06**	9
	38	3.64 (.54)	3.17 (.67)	.46 (.68)	18.75**	4
	39	3.62 (.53)	3.13 (.68)	.50 (.69)	19.75**	1
	40	3.62 (.54)	3.20 (.65)	.42 (.67)	17.19**	7
課程設計	41	3.48 (.63)	3.27 (1.28)	.22 (1.31)	4.55**	29
	42	3.49 (.60)	3.29 (.64)	.20 (.62)	8.89**	31
	43	3.56 (.59)	3.30 (.67)	.25 (.63)	11.16**	23
	44	3.56 (.57)	3.31 (.65)	.25 (.65)	10.64**	23
	45	3.50 (.62)	3.26 (.70)	.24 (.73)	9.06**	26

*p<.05 **p<.01

　　從前述不管是就各個構面或是各教學知能題項的分布而言，雖然技術校院教師對於教學法與課程知識沒有迫切的需求，但是對於與教學有關的情境知識、教育目標及教育價值知識等，卻有加強的空間。事實上，中外許多學者均曾指出，從事教學工作的教師所需具的專業內涵除了學科知能與教學法知能外，教育環境脈絡的知識與教育目標、教育價值的知識，也是教師扮演好教學角色不可或缺的涵養（Shaulman, 1987；饒見維，民84）。

貳、教師個人背景特徵與教學發展知能「需求程度」 認知之分析

此一部分擬探討不同背景特徵技術校院教師之教學發展知能的需求認知有無差異,藉以蠡測不同背景變項技術校院教師在教學發展需求認知的差異情形。主要運用「單因子多變項變異數分析」方法,考驗學校層級、學校屬性、教師性別、最高學歷、教師職級、服務年資、每週授課時數及教師是否兼任行政主管職等不同背景變項教師,對六項教學發展知能所認知的需求程度平均數的差異情形。

一、學校層級與教學發展知能需求程度認知

不同學校層級教師之教學發展知能需求程度認知多變項變異數分析結果如表 4-4-3。

表 4-4-3 不同學校層級教師之教學發展知能需求程度認知多變項變異數分析摘要表

變異來源	Wilk's Λ		多變項 F 值			
不同學校層級教師	.989		1.193		（未達顯著水準）	
教學發展知能	1.技術學院 (n.=546)		2.科技大學 (n=113)		單變量 F 值	事後比較
	平均數（標準差）		平均數（標準差）			
任教學科知識	.359	(.018)	.314	(.039)	1.092	
教育情境知識	.437	(.021)	.312	(.046)	6.261	
教學法知識	.227	(.013)	.197	(.028)	1.033	
學生特性知識	.349	(.019)	.299	(.041)	1.239	
教育目標與價值知識	.415	(.019)	.364	(.042)	1.254	
課程設計知識	.308	(.018)	.237	(.039)	2.699	
整體	.349	(.014)	.287	(.031)	3.364	

*p<.05 **p<.01

由表 4-4-3 技術學院教師與科技大學教師之教學發展知能需求程度的變異數分析結果中可知，Wilk's Λ 值為.989，多變項 F 值為 1.193，未達顯著水準，表示技術學院教師與科技大學教師在教學發展知能的需求上並無顯著差異。

　　由以上分析可知，技術校院教師並不因其任職學校層級為科技大學或技術學院，而對教學發展知能的需求程度有所差異。

二、學校屬性與教學發展知能需求程度認知

　　不同學校屬性教師之教學發展知能需求程度認知多變項變異數分析結果如表 4-4-4。

表 4-4-4　不同學校屬性教師之教學發展知能需求程度認知多變項變異數分析摘要表

變異來源	Wilk's Λ		多變項 F 值			
不同學校屬性教師	.984		1.799		（未達顯著水準）	
教學發展知能	1.國立 (n=171)		2.私立 (n=488)		單變量	事後
	平均數（標準差）		平均數（標準差）		F 值	比較
任教學科知識	.393	(.031)	.336	(.019)	2.461	
教育情境知識	.399	(.037)	.421	(.022)	.261	
教學法知識	.214	(.022)	.225	(.013)	.160	
學生特性知識	.306	(.034)	.353	(.020)	1.467	
教育目標與價值知識	.372	(.034)	.419	(.020)	1.414	
課程設計知識	.301	(.032)	.295	(.019)	.025	
整體	.331	(.025)	.341	(.015)	.132	

*p<.05　　**p<.01

　　由表 4-4-4 國立技術校院教師與私立技術校院教師的教學發展知能需求程度的變異數分析結果中可知，Wilk's Λ 值

為.984，多變項 F 值為 1.799，未達顯著水準，表示國立與私立技術校院的教師在教學發展知能需求上並無顯著差異。

由以上分析可知，技術校院教師並不因其任教學校為國立或私立技術校院，而在教學發展知能的需求上有所差異。

三、教師性別與教學發展知能需求程度認知

不同性別教師之教學發展知能需求程度認知多變項變異數分析結果如表 4-4-5。

表 4-4-5　不同性別教師之教學發展知能需求程度認知多變項變異數分析摘要表

變異來源	Wilk's Λ		多變項 F 值			
不同性別教師	.973		2.955**		（達顯著水準）	
教學發展知能	1 男性 (n=450)		2.女性 (n=206)		單變量	事後
	平均數（標準差）		平均數（標準差）		F 值	比較
任教學科知識	.330	(.019)	.392	(.028)	3.257	
教育情境知識	.368	(.023)	.516	(.033)	13.401**	
教學法知識	.214	(.014)	.236	(.020)	.838	
學生特性知識	.321	(.021)	.379	(.030)	2.460	
教育目標與價值知識	.375	(.021)	.472	(.031)	6.799**	
課程設計知識	.268	(.020)	.355	(.029)	6.174*	
整體	.313	(.015)	.392	(.023)	8.381**	

*p<.05　**p<.01

由表 4-4-5 男性技術校院教師與女性技術校院教師教學發展知能需求程度之變異數分析結果中可知，Wilk's Λ 值為.973，多變項 F 值為 2.955，達到.01 顯著水準，表示男性技術校院教師與女性技術校院教師在教學發展知能的需求上有顯著差異。

　　再就單變項 F 值觀之，女性技術校院教師與男性技術校院教師對教學發展知能需求的認知，分別在「教育情境知識」、「教育目標與價值知識」、「課程設計知識」、「教學發展知能整體」等四項達顯著差異，其中，除了「課程設計知識」達.05 的顯著水準之外，其餘三項皆具有.01 之顯著水準；此外，變異數分析結果亦顯示，女性技術校院教師在這三項教學發展知能與其整體的需求程度皆高於男性技術校院的教師。

　　由以上分析可知，男性技術校院教師與女性技術校院教師對於教學發展知能的需求有所差異，而差異的主要來源為女性技術校院教師在「教育情境知識」、「教育目標與價值知識」、「課程設計知識」及「教學發展知能整體」上有較高的需求。

四、教師最高學歷與教學發展知能需求程度認知

　　不同學歷教師之教學發展知能需求程度認知多變項變異數分析結果如表 4-4-6。

表 4-4-6　不同學歷教師之教學發展知能需求程度認知多變項變異
　　　　　數分析摘要表

變異來源	Wilk's Λ		多變項 F 值			
不同學歷教師	.990		1.079		（未達顯著水準）	
教學發展知能	1.博士 (n=245)		2.碩士以下 (n=409)		單變量 F 值	事後 比較
	平均數（標準差）		平均數（標準差）			
任教學科知識	.328	(.026)	.366	(.020)	1.352	
教育情境知識	.364	(.031)	.443	(.024)	4.048	
教學法知識	.209	(.019)	.231	(.015)	.916	
學生特性知識	.321	(.028)	.353	(.022)	.772	
教育目標與價值知識	.395	(.029)	.413	(.022)	.249	
課程設計知識	.260	(.027)	.319	(.021)	3.096	
整體	.313	(.021)	.354	(.016)	2.433	

*p<.05　**p<.01

　　由表 4-4-6，不同學歷技術校院教師的教學發展知能需
求程度的變異數分析結果中可知，Wilk's Λ 值為.990，多變
項 F 值為 1.079，未達到顯著水準，表示在教學發展知能的
需求上並無顯著差異。

　　以上分析顯示，技術校院教師不因其最高學歷為博士學
位或碩士以下學位，而對於教學發展知能的需求有所差異。

五、教師職級與教學發展知能需求程度認知

　　不同職級教師之教學發展知能需求程度認知多變項變
異數分析結果如表 4-4-7。

　　由表 4-4-7 不同職級之技術校院教師的教學發展知能需
求程度的變異數分析結果中可知，Wilk's Λ 值為.979，多變

項 F 值為 1.150，未達到顯著水準，表示在教學發展知能的需求上並無顯著差異。

　　由以上分析可知，技術校院教師不因其擔任職級為教授、副（助理）教授或講師，而對教學發展知能的需求程度有所差異。

表 4-4-7　不同職級教師之教學發展知能需求程度認知多變項變異數分析摘要表

變異來源	Wilk's Λ	多變項 F 值				
不同職級教師	.979	1.150	（未達顯著水準）			
教學發展知能	1.教授 (n=27)	2.副／助理教授 (n=263)	3.講師 (n=364)	單變量 F 值	事後 比較
	平均數 （標準差）	平均數 （標準差）	平均數 （標準差）		
任教學科知識	.231（.079）	.322（.025）	.383（.022）	2.910	
教育情境知識	.326（.093）	.373（.030）	.453（.025）	2.529	
教學法知識	.173（.056）	.219（.018）	.228（.015）	.481	
學生特性知識	.306（.085）	.329（.027）	.353（.023）	.320	
教育目標與價值知識	.251（.086）	.406（.027）	.420（.023）	1.818	
課程設計知識	.178（.081）	.268（.026）	.326（.022）	2.555	
整體	.244（.063）	.320（.020）	.361（.017）	2.367	

*p<.05　　**p<.01

六、教師服務年資與教學發展知能需求程度認知

　　不同服務年資教師之教學發展知能需求程度認知多變項變異數分析結果如表 4-4-8。

表 4-4-8　不同服務年資教師之教學發展知能需求程度認知多變項
變異數分析摘要表

變異來源	Wilk's Λ	多變項 F 值				
不同年資教師	.974	1.433		（未達顯著水準）		
教學發展知能	1.未滿 5 年 (n=200)	2.5 年-未滿 15 年 (n=317)	3.15 年以上 (n=141)	單變量 F 值	事後 比較	
	平均數 （標準差）	平均數 （標準差）	平均數 （標準差）			
任教學科知識	.341（.029）	.379（.023）	.303（.035）	1.768		
教育情境知識	.454（.034）	.424（.027）	.343（.041）	2.243		
教學法知識	.206（.021）	.239（.016）	.209（.025）	.962		
學生特性知識	.380（.031）	.341（.025）	.285（.037）	1.907		
教育目標與價值知識	.421（.031）	.422（.025）	.355（.037）	1.249		
課程設計知識	.285（.030）	.319（.024）	.262（.035）	1.002		
整體	.348（.023）	.354（.018）	.293（.028）	1.791		

*p<.05　　**p<.01

　　由表 4-4-8 不同任教年資教師教學發展知能需求程度變
異數之分析結果中可知，Wilk's Λ 值為.974，多變項 F 值為
1.433，未達到顯著水準，表示在教學發展知能的需求上並
無顯著差異。

　　由以上分析可知，技術校院教師不因其任教年資之長
短，而對教學發展知能的需求程度有所差異。

七、每週授課時數與教學發展知能需求程度認知

　　不同授課時數教師之教學發展知能需求程度認知多變
項變異數分析結果如表 4-4-9。

表 4-4-9 不同授課時數教師之教學發展知能需求程度認知多變項
變異數分析摘要表

變異來源	Wilk's Λ	多變項 F 值	
不同時數教師	.963	2.040*	（達顯著水準）

教學發展知能	1.9 小時以下 (n=85)	2.10-15 小時 (n=488)	3.16 小時以上 (n=85)	單變量 F 值	事後 比較
	平均數 （標準差）	平均數 （標準差）	平均數 （標準差）		
任教學科知識	.338（.045）	.352（.019）	.359（.045）	.059	
教育情境知識	.313（.053）	.421（.022）	.489（.053）	2.924	
教學法知識	.281（.032）	.207（.013）	.252（.032）	2.831	
學生特性知識	.391（.048）	.326（.020）	.376（.048）	1.096	
教育目標與價值知識	.407（.048）	.394（.020）	.481（.048）	1.393	
課程設計知識	.301（.046）	.290（.019）	.329（.046）	.328	
整體	.339（.036）	.332（.015）	.381（.036）	.819	

*p<.05　　**p<.01

　　由表 4-4-9 每週不同授課時數教師之教學發展知能需求
程度的變異數分析結果中可知，Wilk's Λ 值為.963，多變項
F 值為 2.040，已達.05 顯著水準，表示每週不同授課時數的
技術校院教師，在教學發展知能的需求程度上有顯著差異。

　　再就單變項 F 值觀之，並未發現不同授課時數教師在教
學發展知能各構面的需求程度有達顯著差異之情形，亦即不
同的授課時數雖對於教師教學發展知能的需求表現上有所
差異，但並無法判斷不同授課時數教師，在教學發展知能各
構面上的需求程度上有何不同。

　　由以上分析可知，每週不同授課時數之技術校院教師對
教學發展知能的需求程度有所差異，但差異的來源，無法由
本研究的結果中呈現出來。

八、教師是否兼任行政主管職務與教學發展知能需求程度認知

　　教師兼任行政與否之教學發展知能需求程度認知多變項變異數分析結果如表 4-4-10。

　　由表 4-4-10 技術校院教師是否兼任行政主管職務對於教學發展知能需求程度的變異數分析結果中可知，Wilk's Λ 值為.976，多變項 F 值為 2.610，已達.05 顯著水準，表示技術校院教師兼任行政主管職務與否，在教學發展知能的需求上有顯著差異。

表 4-4-10　教師兼任行政與否之教學發展知能需求程度認知多變項變異數分析摘要表

變異來源	Wilk's Λ		多變項 F 值			
不同職務教師	.976		2.610*		（達顯著水準）	
教學發展知能	1.未兼行政主管 (n=483)		2.兼行政主管 (n=166)		單變量 F 值	事後比較
	平均數（標準差）		平均數（標準差）			
任教學科知識	.371	(.019)	.301	(.032)	3.556	
教育情境知識	.453	(.022)	.317	(.038)	9.813**	
教學法知識	.235	(.013)	.186	(.023)	3.412	
學生特性知識	.360	(.020)	.291	(.034)	3.018	
教育目標與價值知識	.443	(.020)	.317	(.034)	9.948**	
課程設計知識	.330	(.019)	.207	(.033)	10.676**	
整體	.365	(.015)	.270	(.025)	10.486**	

*p<.05　　**p<.01

　　再就單變項 F 值結果觀之，未兼行政主管職務的教師對於「教育情境知識」、「教育目標與價值知識」、「課程設

計知識」等三項教學發展知能及「整體」的需求顯著高於兼任行政主管之技術校院教師，其中以未兼任行政主管職務的教師對於上述三項知能及整體上皆有較高的需求。

　　由以上分析可知，技術校院教師兼任行政主管職務與否，對於教學發展知能的需求有所差異，差異的來源主要在於未兼任行政主管職務的技術校院教師，其對於「教育情境知識」、「教育目標與價值知識」、「課程設計知識」等三項教學發展知能及「整體」的需求較高。

參、本節綜合討論

　　從本節對技術校院教師在教學發展知能需求各構面之認知情形，及不同個人背景特徵教師之教學發展知能需求認知的分析探討可知，技術校院教師在六個教學發展知能構面的「重要程度認知」平均數皆顯著高於「符合程度認知」平均數（顯著水準達 .01），足見六種教學發展知能有待加強的空間，易言之，技術校院教師所認知的教學發展重要程度與教學現況的符合程度之間存有顯著的差距；此外就「需求程度」觀之，技術校院教師認為需求最大的是「教育目標與教學價值知識」，其次為「教育情境知識」，而需求最小的則為「教學法知識」。

　　復從教學發展知能內涵（四十五項知能）觀之，技術校院教師認知需求最大的前十項教學發展知能中，歸屬於「教育目標與教育價值知識」者計有六項，為需求項目最多的構面，顯示目前技術校院教師對「教育目標與教育價值知識」

相關的知能有高度的需求，而需求最小的前十項教學發展知能，歸屬於「教育法知識」者計有九項，其代表目前技術校院教師對「教學法知識」知能的需求較低，此結果頗能符合之前所發現的結果。

另就技術校院教師對於教學發展知能需求情形來看，本研究發現技術校院教師所任教的學校層級、屬性及教師的學歷、年資、職級對於各項教學發展知能的需求情形，並無統計上的顯著差異，而教師的性別、每週授課時數、和兼任行政職務與否等的不同，則可能造成教學發展知能現況的認知差異，唯技術校院教師的每週授課時數雖對於教師教學發展知能的需求造成差異，但其單變項變異數分析的結果，卻無法從中獲悉其差異之情形。根據 Shedd（1989）與 D'cruz-Endeley（1994）的研究結果指出，接受過較多學術訓練的大學教師們，其教學發展需求類別與需求程度往往比較複雜，常隨著教師背景的不同而有所差異，本研究結果雖然也呈現出同樣的差異性，但複雜程度似乎未如預期，僅有性別、授課時數、與兼任主管職務與否等背景不同的教師，才呈現出不同需求程度認知的差異，其中又僅有性別與是否兼任主管職務等兩個背景不同的教師，顯著的顯示出不同背景教師對於教學發展主題不同的需求差異。國內葉蕙蘭（民87）的研究顯示教師的最高學歷、任教學院別、職級、與兼行政職等四個因素，會影響教師的教學成長需求類型，其中僅有兼行政職的教師背景因素與本研究結果一致。

茲將技術校院教師背景變項對教學發展知能現況的影響情形列於表 4-4-11，並就其差異情形統述如后。

就性別而言，女性技術校院教師在「教育情境知識」、「教育目標與價值知識」、「課程設計知識」及「教學發展知能整體」上有較高的需求，這個背景因素造成的需求差異與馬來西亞大學教師的一項研究結果類似（D'cruz-Endeley, 1994），至於為何本研究顯示女性技術校院教師在「教育情境知識」與「教育目標及教育價值知識」等兩方面有比較高的需求，推論可能是女性技術校院教師出身自技職教育體系的比例比男教師更低，再加上女性教師心思比較縝密，因此當自身置於完全不一樣的教育體系時，或許更急需了解和技職體系學生有關的教育環境脈絡知識，以及技職教育體系的教育價值等問題，因此在這一部分的需求就顯著的比男性教師高了。

表 4-4-11　背景變項對教學發展知能需求程度認知考驗摘要表

不同背景變項 構面別	學校層級	學校屬性	教師性別	最高學歷	教師職級	服務年資	授課時數	主管職務
多變項 F 值			◉				◉	◉
任教學科知識								
教育情境知識			○					○
教學法知識								
學生特性知識								
教育目標與價值知識			○					○
課程設計知識			○					○
整體			○					○

◉　表示該背景變項在教學發展知能的需求認知上達到顯著差異
○　表示該背景變項在該構面的平均數差異達顯著水準

　　另外，就教師是否兼任行政主管職務而言，未兼任行政主管職務的技術校院教師對於「教育情境知識」、「教育目標與價值知識」、「課程設計知識」等三項教學發展知能及「整體」上有較高的需求，這個結論倒與 Lepiz-Jimenez（1982）認為專任教師與行政主管對於哪些主題應列入教學與課程發展主題的研究結論不同，可能是由於本研究調查對象之 188 位兼任行政主管的教師中，多數（138 位）為教務主管或是教學單位的院系主管，這些職務多與教育政策／情境知識或課程發展有關，因此比起未兼行政主管的專任教師而言，自然就比較不認為自己有加強教育情境知識或是課程設計知能的需求了。

第五節　技術校院教師對教學發展活動重要性認知之分析

　　本節旨在根據實際調查所得資料，分析技術校院教師背景特徵與其對教學發展活動重要認知的關係。此處所稱的背景特徵包括其任教學校層級、學校屬性、性別、學歷、職級、年資、每週授課時數及是否兼任職務情形等；而教學發展活動重要性認知則為技術校院教師所認知的教學發展活動重要性（重要程度）。全節共分三部分，第一部分為技術校院教師在教學發展活動重要程度認知情形的分析，第二部分為教師個人背景特徵與教學發展活動重要性認知之分析，第三部分則為本節的綜合討論。

　　以下茲就技術校院教師在教學發展活動重要程度之認知情形及背景變項之影響分析如后。

壹、技術校院教師在教學發展活動重要性之認知情形

　　此一部分探討技術校院教師對於教學發展活動重要程度的認知情形。本研究茲將技術校院教師在七項教學發展活動方式所評定的重要程度之填答個數、平均數、標準差及平均數之等第次序等分別列於表 4-5-1。

　　從表 4-5-1 可知，技術校院教師對於七項教學發展活動的重要性認知以「提供實質協助，鼓勵參加研習」為最高，

「訂定優良教學教師獎勵辦法」居次，其餘則依序為「調查校內教師改善教學的需求」、「定期進行教師教學意見調查」、「定期舉辦教學相關的研討會」、「成立校內專責單位，協助改善教學與學習」及「定期出版有助於教學的刊物或手冊」，由此可知，技術校院教師對於教學發展活動的重要性認知方面，以「提供實質協助，鼓勵參加研習」最為重要，而以「出版教學相關刊物或手冊」為最不重要的教學發展活動。

表 4-5-1 技術校院教師在「教學發展活動」重要程度各題項之選答情形

活動問項	填答人數	非常重要 人數（百分比）	重要 人數（百分比）	不重要 人數（百分比）	非常不重要 人數（百分比）	平均數（標準差）	等第
定期舉辦教學相關的研討會	770	372(48.3)	325(42.2)	63(8.2)	10(1.3)	3.38(.69)	5
定期出版有助於教學的刊物或手冊	769	317(41.2)	338(44.0)	102(13.3)	12(1.6)	3.25(.74)	7
成立校內專責單位，協助改善教學與學習	766	361(47.1)	306(39.9)	84(11.0)	15(2.0)	3.32(.75)	6
調查校內教師改善教學的需求	768	400(52.1)	303(39.5)	59(7.7)	6(.8)	3.43(.67)	3
訂定獎勵教學優良教師的相關辦法	767	445(58.0)	252(32.9)	57(7.4)	13(1.7)	3.47(.71)	2
提供實質協助，鼓勵教師參加教學相關研習	769	500(65.0)	229(29.8)	31(4.0)	9(1.2)	3.590(.63)	1
定期對學生進行教師教學意見調查	762	394(51.7)	284(37.3)	72(9.4)	12(1.6)	3.39(.72)	4

貳、教師個人背景特徵與教學發展活動「重要程度」認知之分析

此一部分擬探討不同背景特徵之間，其技術校院教師對於教學發展活動的重要認知有無差異，藉以蠡測不同背景變項技術校院教師之教學發展活動重要程度認知的差異情形，比較分析的方法主要為「單因子多變項變異數分析」，用以考驗學校層級、學校屬性、教師性別、最高學歷、教師職級、服務年資、每週授課時數及教師是否兼任行政主管職等變項不同之教師，其對七項教學發展活動所認知的重要程度平均數是否有顯著差異。

一、學校層級與教學發展活動重要程度認知

不同學校層級教師之教學發展活動重要程度認知多變項變異數分析結果如表 4-5-2。

由表 4-5-2 技術學院教師與科技大學教師的教學發展活動重要程度變異數分析結果中可知，Wilk's Λ 值為.985，多變項 F 值為 1.643，未達到顯著水準，表示技術學院教師與科技大學教師在教學發展活動的重要性認知上並無顯著差異。

由以上分析可知，技術校院教師不因其任教學校為科技大學或技術學院，而對教學發展活動的重要程度認知有所差異。

表 4-5-2　不同學校層級教師之教學發展活動重要程度認知多變項
　　　　　變異數分析摘要表

變異來源	Wilk's Λ	多變項 F 值		
不同學校層級教師	.985	1.643	（未達顯著水準）	
教學發展活動	1.技術學院 (n=629) 平均數 （標準差）	2.科技大學 (n=127) 平均數 （標準差）	單變量 F 值	事後 比較
定期舉辦教學相關的研討會	3.405 (.027)	3.228 (.061)	6.977	
定期出版有助於教學的刊物或手冊	3.286 (.029)	3.071 (.065)	9.122	
成立校內專責單位，改善教學與學習	3.353 (.030)	3.157 (.066)	7.273	
調查校內教師改善教學的需求	3.455 (.026)	3.307 (.059)	5.213	
訂定獎勵教學優良教師的相關辦法	3.499 (.028)	3.339 (.062)	5.501	
提供實質協助教師參加教學相關研習	3.610 (.025)	3.465 (.056)	5.709	
定期對學生進行教師教學意見調查	3.415 (.029)	3.276 (.064)	3.967	
整體	3.432 (.021)	3.263 (.047)	10.869	

*p<.05　**p<.01

二、學校屬性與教學發展活動重要程度認知

　　不同學校屬性教師之教學發展活動重要程度認知多變項變異數分析結果如表 4-5-3。

表 4-5-3　不同學校屬性教師之教學發展活動重要程度認知多變項
　　　　　變異數分析摘要表

變異來源	Wilk's Λ	多變項 F 值		
不同學校屬性教師	.949	5.761**	（達顯著水準）	
教學發展活動	1.國立 (n=199) 平均數 （標準差）	2.私立 (n=557) 平均數 （標準差）	單變量 F 值	事後 比較
定期舉辦教學相關的研討會	3.327 (.049)	3.393 (.029)	1.357	
定期出版有助於教學的刊物或手冊	3.216 (.052)	3.262 (.031)	.572	
成立校內專責單位，改善教學與學習	3.307 (.053)	3.325 (.032)	.089	
調查校內教師改善教學的需求	3.367 (.047)	3.452 (.028)	2.423	
訂定獎勵教學優良教師的相關辦法	3.261 (.049)	3.548 (.029)	24.862**	
提供實質協助教師參加教學相關研習	3.412 (.044)	3.648 (.026)	21.151**	
定期對學生進行教師教學意見調查	3.251 (.051)	3.442 (.030)	10.361**	
整體	3.306 (.037)	3.439 (.022)	9.314**	

*p<.05　**p<.01

由表 4-5-3，國立技術校院教師與私立技術校院教師的
教學發展活動重要程度變異數分析結果中可知，Wilk's Λ 值
為.949，多變項 F 值為 5.761，達到.01 顯著水準，表示國立
技術校院教師與私立技術校院教師在教學發展活動的重要
程度認知上有顯著差異。

　　再就單變項 F 值觀之，國立技術校院教師與私立技術校
院教師對教學發展活動重要性的認知，分別在「訂定獎勵教
學優良教師的相關辦法」、「提供實質協助，鼓勵教師參加
教學相關研習」、「定期對學生進行教師教學意見調查」及
教學發展活動「整體」等四項有顯著差異，且其顯著水準皆
達 .01，同時亦顯示，私立技術校院教師在這四項活動的重
要程度認知平均數，皆高於國立技術校院的教師。

　　由以上分析可知，國立技術校院教師與私立技術校院教
師對於教學發展活動的重要有所差異，而差異的來源，主要
在於私立技術校院教師對「訂定獎勵教學優良教師的相關辦
法」、「提供實質協助，鼓勵教師參加教學相關研習」、「定
期對學生進行教師教學意見調查」三項教學活動及「整體」
之重要性認知皆顯著高於任教於國立技術校院的教師。

三、教師性別與教學發展活動重要程度認知

　　不同性別教師之教學發展活動重要程度認知多變項變
異數分析結果如表 4-5-4。

表 4-5-4 不同性別教師之教學發展活動重要程度認知多變項變異
數分析摘要表

變異來源	Wilk's Λ	多變項 F 值		
不同性別教師	.983	1.847	（未達顯著水準）	
教學發展活動	1 男性 (n=515) 平均數 （標準差）	2.女性 (n=238) 平均數 （標準差）	單變量 F 值	事後 比較
定期舉辦教學相關的研討會	3.332 (.030)	3.471 (.045)	6.601	
定期出版有助於教學的刊物或手冊	3.198 (.032)	3.353 (.048)	7.256	
成立校內專責單位，改善教學與學習	3.280 (.033)	3.408 (.048)	4.797	
調查校內教師改善教學的需求	3.400 (.029)	3.496 (.043)	3.388	
訂定獎勵教學優良教師的相關辦法	3.472 (.031)	3.466 (.046)	.010	
提供實質協助教師參加教學相關研習	3.577 (.028)	3.601 (.041)	.238	
定期對學生進行教師教學意見調查	3.381 (.032)	3.408 (.047)	.228	
整體	3.377 (.023)	3.457 (.034)	3.765	

*p<.05　**p<.01

　　由表 4-5-4，男性技術校院教師與女性技術校院教師的
教學發展活動重要程度變異數分析結果中可知，Wilk's Λ 值
為.983，多變項 F 值為 1.847，未達顯著水準，表示男性技
術校院教師與女性技術校院教師在教學發展活動的重要性
認知上並無顯著差異。

　　由以上分析可知，技術校院教師不因其為男性或女性，
而在教學發展活動的重要程度認知上有所差異。

四、教師最高學歷與教學發展活動重要程度認知

　　不同學歷教師之教學發展活動重要程度認知多變項變
異數分析結果如表 4-5-5。

表 4-5-5　不同學歷教師之教學發展活動重要程度認知多變項變異
　　　　　數分析摘要表

變異來源	Wilk's Λ	多變項 F 值	
不同學歷教師	.954	5.126**	（達顯著水準）

教學發展活動	1.博士 (n=283)		2.碩士以下 (n=467)		單變量 F 值	事後 比較
	平均數 （標準差）		平均數 （標準差）			
定期舉辦教學相關的研討會	3.265	(.041)	3.445	(.032)	12.167*	
定期出版有助於教學的刊物或手冊	3.057	(.043)	3.368	(.033)	32.873*	
成立校內專責單位，改善教學與學習	3.205	(.044)	3.394	(.034)	11.446*	
調查校內教師改善教學的需求	3.360	(.040)	3.471	(.031)	4.868*	
訂定獎勵教學優良教師的相關辦法	3.364	(.042)	3.540	(.033)	11.006*	
提供實質協助教師參加教學相關研習	3.498	(.037)	3.642	(.029)	9.317**	
定期對學生進行教師教學意見調查	3.329	(.043)	3.433	(.033)	3.659	
整體	3.297	(.031)	3.470	(.024)	19.417*	

*p<.05　**p<.01

　　由表 4-5-5，不同學歷之技術校院教師的教學發展活動
重要程度變異數分析結果中可知，Wilk's Λ 值為.954，多變
項 F 值為 5.126，達到.01 的顯著水準，表示不同學歷教師在
教學發展活動的重要性認知上有顯著差異。

　　再就單變項 F 值觀之，博士學位技術校院教師與碩士以
下學位的技術校院教師對教學發展活動重要性的認知，除
「定期對學生進行教師教學意見調查」的認知未達顯著差異
外，其餘各項教學發展活動，包括「定期舉辦教學相關的研
討會」、「定期出版有助於教學的刊物或手冊」、「成立校
內專責單位，改善教學與學習」、「調查校內教師改善教學
的需求」、「訂定獎勵教學優良教師的相關辦法」、「提供
實質協助，鼓勵教師參加教學相關研習」及教學發展活動「整
體」上，皆達顯著差異。同時亦顯示，碩士以下學位之技術

校院教師在這些教學發展活動上的重要程度認知的平均數，皆高於博士學位技術校院的教師。

由以上分析可知，不同學歷之技術校院教師對於教學發展活動的重要性認知有所差異，而差異的重點，主要在於碩士以下學位之技術校院教師對於「定期舉辦教學相關的研討會」、「定期出版有助於教學的刊物或手冊」、「成立校內專責單位，改善教學與學習」、「調查校內教師改善教學的需求」、「訂定獎勵教學優良教師的相關辦法」、「提供實質協助，鼓勵教師參加教學相關研習」及教學發展活動「整體」等之重要程度認知平均，皆顯著高於博士學位的技術校院教師。

五、教師職級與教學發展活動重要程度認知

不同職級教師之教學發展活動重要程度認知多變項變異數分析結果如表 4-5-6。

由表 4-5-6，不同職級之技術校院教師的教學發展活動重要程度變異數分析結果中可知，其 Wilk's Λ 值為.961，多變項 F 值為 2.116，達到.01 顯著水準，表示不同職級的技術校院教師在教學發展活動的重要認知上有顯著差異。

表 4-5-6　不同職級教師之教學發展活動重要程度認知多變項變異
　　　　　數分析摘要表

變異來源	Wilk's Λ	多變項 F 值			
不同職級教師	.961	2.116**		（達顯著水準）	
教學發展活動	1.教授 (n=32) 平均數 （標準差）	2.副／助理教授 (n=303) 平均數 （標準差）	3.講師 (n=414) 平均數 （標準差）	單變量 F 值	事後 比較
定期舉辦教學相關的研討會	3.250（.122）	3.360（.040）	3.401（.034）	.891	
定期出版有助於教學的刊物或手冊	3.000（.129）	3.172（.042）	3.329（.036）	6.034**	3>1 3>2
成立校內專責單位，改善教學與學習	3.219（.132）	3.241（.043）	3.382（.037）	3.395*	3>2
調查校內教師改善教學的需求	3.187（.118）	3.406（.038）	3.464（.033）	2.849	
訂定獎勵教學優良教師的相關辦法	3.156（.123）	3.432（.040）	3.529（.034）	5.136**	3>1
提供實質協助教師參加教學相關研習	3.250（.109）	3.551（.036）	3.643（.030）	6.907**	2>1 3>1
定期對學生進行教師教學意見調查	3.344（.128）	3.350（.041）	3.423（.035）	.959	
整體	3.201（.093）	3.359（.030）	3.453（.026）	5.282**	3>1

*p<.05　**p<.01

　　再就單變項 F 值觀之，不同職級的技術校院教師對教學
發展活動重要性的認知，分別在「定期出版有助於教學的刊
物或手冊」、「成立校內專責單位，改善教學與學習」、「訂
定獎勵教學優良教師的相關辦法」、「提供實質協助，鼓勵
教師參加教學相關研習」等四項教學發展活動及「整體」上，
皆達顯著差異；進一步以 Scheffe 法比較，顯示講師職級之
技術校院教師在「定期出版有助於教學的刊物或手冊」、「訂
定獎勵教學優良教師的相關辦法」、「提供實質協助，鼓勵
教師參加教學相關研習」及教學發展活動「整體」等項之重
要程度認知，皆顯著高於教授職級的技術校院教師；此外，

講師職級之技術校院教師亦在「定期出版有助於教學的刊物或手冊」、「成立校內專責單位，改善教學與學習」二項教學發展活動的重要性認知上，也顯著高於副（助理）教授職級的技術校院教師；而副（助理）教授職級的技術校院教師則在「提供實質協助，鼓勵教師參加教學相關研習」上的重要程度認知高於教授職級教師。

　　由以上分析可知，不同職級之技術校院教師對於教學發展活動的重要性認知有所差異，而差異的重點，主要在於講師職級之技術校院教師在「定期出版有助於教學的刊物或手冊」、「成立校內專責單位，改善教學與學習」、「訂定獎勵教學優良教師的相關辦法」、「提供實質協助，鼓勵教師參加教學相關研習」及教學發展活動「整體」等項，有較高的重要性認知；而副（助理）教授職級的技術校院教師則在「提供實質協助，鼓勵教師參加教學相關研習」的重要程度認知，顯著高於教授職級的技術校院教師。

六、教師服務年資與教學發展活動重要程度認知

　　不同服務年資教師之教學發展活動重要程度認知多變項變異數分析結果如表 4-5-7。

　　由表 4-5-7，不同任教年資教師的教學發展活動重要程度變異數分析結果中可知，Wilk's Λ 值為.968，多變項 F 值為 1.772，已達.05 顯著水準，表示不同服務年資的技術校院教師，在教學發展活動的重要認知上有顯著差異。

　　再就單變項 F 值觀之，不同教師服務年資之間具有顯著差異之教學發展活動只有「定期對學生進行教師教學意見調

查」一項（達 .05 顯著水準）。然而，經 Scheffe 法事後比較的結果，並無法顯示各服務年資組別的技術校院教師在此一教學發展活動達顯著差異之處。

　　由以上分析可知，不同服務年資之技術校院教師對於教學發展活動的重要認知程度有所差異，但差異的來源並無法於本研究中顯現出來。

表 4-5-7　不同服務年資教師之教學發展活動重要程度認知多變項變異數分析摘要表

變異來源	Wilk's Λ		多變項 F 值		
不同年資教師	.968		1.772*		（達顯著水準）
教學發展活動	1.未滿 5 年 (n=232)	2.5 年-未滿 15 年(n=355)	3.15 年以上 (n=168)	單變量 F 值	事後 比較
	平均數 （標準差）	平均數 （標準差）	平均數 （標準差）		
定期舉辦教學相關的研討會	3.306（.045）	3.411（.037）	3.3.393（.053）	1.699	
定期出版有助於教學的刊物或手冊	3.194（.048）	3.254（.039）	3.315（.057）	1.339	
成立校內專責單位，改善教學與學習	3.267（.049）	3.338（.040）	3.357（.058）	.886	
調查校內教師改善教學的需求	3.448（.043）	3.448（.035）	3.381（.051）	.672	
訂定獎勵教學優良教師的相關辦法	3.491（.046）	3.479（.038）	3.429（.055）	.421	
提供實質協助教師參加教學相關研習	3.625（.041）	3.592（.033）	3.518（.049）	1.443	
定期對學生進行教師教學意見調查	3.435（.047）	3.425（.038）	3.268（.055）	3.323*	
整體	3.395（.035）	3.421（.028）	3.380（.041）	.382	

*p<.05　**p<.01

七、每週授課時數與教學發展活動重要程度認知

　　不同授課時數教師之教學發展活動重要程度認知多變項變異數分析結果如表 4-5-8。

　　由表 4-5-8，每週不同授課時數教師的教學發展活動重要程度變異數分析結果中可知，Wilk's Λ 值為.974，多變項 F 值為 1.424，未達顯著水準，表示每週不同授課時數的技術校院教師，在教學發展活動的重要認知上並無顯著差異。

　　由以上分析可知，技術校院教師不因其每週授課時數為何，而在教學發展活動的重要程度認知上有所差異。

表 4-5-8　不同授課時數教師之教學發展活動重要程度認知多變項變異數分析摘要表

變異來源	Wilk's Λ		多變項 F 值		
不同時數教師	.974		1.424		（未達顯著水準）
教學發展活動	1.9 小時以下 (n=99)	2.10-15 小時 (n=546)	3.16 小時以上 (n=109)	單變量 F 值	事後比較
	平均數（標準差）	平均數（標準差）	平均數（標準差）		
定期舉辦教學相關的研討會	3.364（.070）	3.372（.030）	3.394（.066）	.062	
定期出版有助於教學的刊物或手冊	3.172（.074）	3.255（.032）	3.294（.071）	.759	
成立校內專責單位，改善教學與學習	3.303（.075）	3.311（.032）	3.376（.072）	.368	
調查校內教師改善教學的需求	3.374（.067）	3.440（.029）	3.431（.064）	.408	
訂定獎勵教學優良教師的相關辦法	3.313（.071）	3.491（.030）	3.514（.068）	2.901	
提供實質協助教師參加教學相關研習	3.404（.063）	3.604（.027）	3.661（.060）	5.182	
定期對學生進行教師教學意見調查	3.414（.073）	3.394（.031）	3.358（.069）	.170	
整體	3.335（.053）	3.409（.023）	3.433（.051）	1.030	

*p<.05　**p<.01

八、教師是否兼任行政主管職務與教學發展活動重要程度認知

教師兼任行政與否之教學發展活動重要程度認知多變項變異數分析結果如表 4-5-9。

表 4-5-9 教師兼任行政與否之教學發展活動重要程度認知多變項變異數分析摘要表

變異來源	Wilk's Λ	多變項 F 值	
不同職務教師	.985	1.553	（未達顯著水準）

教學發展活動	1.未兼行政主管 (n=558)		2.兼行政主管 (n=185)		單變量 F 值	事後比較
	平均數（標準差）		平均數（標準差）			
定期舉辦教學相關的研討會	3.353	(.029)	3.411	(.051)	.954	
定期出版有助於教學的刊物或手冊	3.256	(.031)	3.195	(.054)	.971	
成立校內專責單位，改善教學與學習	3.315	(.032)	3.308	(.055)	.013	
調查校內教師改善教學的需求	3.443	(.028)	3.378	(.049)	1.284	
訂定獎勵教學優良教師的相關辦法	3.478	(.030)	3.438	(.052)	.457	
提供實質協助教師參加教學相關研習	3.600	(.027)	3.530	(.046)	1.735	
定期對學生進行教師教學意見調查	3.378	(.031)	3.422	(.053)	.504	
整體	3.403	(.022)	3.383	(.039)	.207	

*p<.05　**p<.01

由表 4-5-9，技術校院教師是否兼任行政主管職務之教學發展活動重要程度變異數分析結果中可知，Wilk's Λ 值為.985，多變項 F 值為 1.553，未達顯著水準，表示技術校

院教師兼任行政主管職務與否，在教學發展活動的重要認知上並無顯著差異。

　　由以上分析可知，技術校院教師不因其兼任行政主管職務與否，而在教學發展活動的重要程度認知上有所差異。

參、本節綜合討論

　　從本節對技術校院教師在教學發展活動重要程度認知情形，及教師個人背景特徵與教學發展活動重要認知的分析探討可知，技術校院教師對於教學發展活動的重要性認知方面，以「提供實質協助，鼓勵參加研習」最為重要，其次為「訂定獎勵教學優良教師的相關辦法」，而以「出版教學相關刊物」為最不重要的教學發展活動，由此可知，技術校院教師多肯定學校提供實質協助，鼓勵教師參加研習，致力於改善教學的重要性，而出版改善教學的相關刊物則較沒有其急迫性。

　　另外，在技術校院教師個人背景變項的方面，本研究結果發現技術校院教師所任教的學校屬性、教師最高學歷、職級及年資等對於各項教學發展活動重要性的認知，將造成統計上的顯著差異，茲將不同背景變項技術校院教師之教學發展知能重要程度的認知差異情形列於表 4-5-10。

表 4-5-10　不同背景變項技術校院教師的教學發展活動重要程度認知考驗摘要表

不同背景變項	學校層級	學校屬性	教師性別	最高學歷	教師職級	服務年資	授課時數	主管職務
多變項 F 值		●		●	●	●		
活動別								
1 定期舉辦教學相關的研討會				○				
2 定期出版有助於教學的刊物或手冊				○	○			
3 成立校內專責單位，協助改善教學與學習				○	○			
4 調查校內教師改善教學的重要				○				
5 訂定獎勵教學優良教師的相關辦法		○		○	○			
6 提供實質協助，鼓勵教師參加教學相關研習		○		○	○			
7 定期對學生進行教師教學意見調查		○					○	
整體		○		○		○		

● 表示該背景變項在教學發展活動的重要性認知上達到顯著差異
○ 表示該背景變項在該構面的平均數差異達顯著水準

　　在學校屬性方面，研究結果發現私立技術校院教師對「訂定獎勵教學優良教師的相關辦法」、「提供實質協助，鼓勵教師參加教學相關研習」、「定期對學生進行教師教學意見調查」三項教學活動及「整體」上之重要性認知等，皆顯著高於任教於國立技術校院的教師。

　　其次，就教師之最高學歷而言，碩士以下學位之技術校院教師對於「定期舉辦教學相關的研討會」、「定期出版有助於教學的刊物或手冊」、「成立校內專責單位，改善教學與學習」、「調查校內教師改善教學的需求」、「訂定獎勵教學優良教師的相關辦法」、「提供實質協助，鼓勵教師參加教學相關研習」及教學發展活動「整體」之重要程度認知，皆顯著高於博士學位的技術校院教師。

　　復次，就不同職級之技術校院教師對於教學發展活動的
重要性程度認知來看，講師職級之技術校院教師在「定期出
版有助於教學的刊物或手冊」、「成立校內專責單位，改善
教學與學習」、「訂定獎勵教學優良教師的相關辦法」、「提
供實質協助，鼓勵教師參加教學相關研習」及教學發展活動
「整體」等項，有較高的重要性認知；此外，副（助理）教
授職級的技術校院教師則在「提供實質協助，鼓勵教師參加
教學相關研習」的重要程度認知上，顯著高於教授職級的技
術校院教師。

　　最後，在服務年資方面，儘管不同服務年資之技術校院
教師對於教學發展活動的重要程度認知有所差異，但各類教
學發展活動的單變量變異數分析皆未達顯著水準，因此無法
精確解讀差異的內涵為何，不過就平均數的高低看來，似乎
以資淺教師〈年資未滿五年者〉對教學發展活動類別的重要
性認知，比較接近私立技術校院教師與職級為副教授以下教
師的重要性認知傾向。

　　綜而言之，就四個不同教師背景變項造成教學發展活動
類別重要性認知程度的差異而言，最為私立技術校院教師、
具碩士學歷教師、與副教授以下教師所知覺的重要教學發展
活動主要有「訂定獎勵教學優良教師的相關辦法」與「提供
實質協助，鼓勵教師參加教學相關研習」兩項，顯見具有這
類背景的教師們比公立學校、具博士學歷與教授層級的技術
校院教師們，更為重視這兩種具有實質鼓勵意義的教學發展
活動。

第六節 技職院教師教學發展活動現況 之分析

　　本節旨在根據實際調查所得資料，分析技術校院教師背景特徵與其對各校教學發展活動現況的看法與關係。此處所稱的背景特徵包括其任教學校層級、學校屬性、性別、學歷、職級、年資、每週授課時數及是否兼任職務情形等；而教學發展活動現況，則為技術校院教師針對其任教學校內有關教學發展活動的辦理現況（符合程度）的認知。全節共分三部分，第一部分為技術校院教師在教學發展活動現況（符合程度）認知情形的分析，第二部分為教師個人背景特徵與教學發展活動現況認知之分析，第三部分則為本節的綜合討論。

　　以下茲就技術校院教師在教學發展活動現況之認知情形及背景變項之影響分析如后。

壹、技術校院教師在教學發展活動「現況」之認知情形

　　此一部分探討技術校院教師對於教學發展活動現況的認知情形。本研究茲將技術校院教師在七項教學發展活動方式所評定的符合程度之填答個數、平均數、標準差及平均數之等第分別列於表 4-6-1。

　　從表 4-6-1 可知，技術校院教師對於各校有關七項教學發展活動的辦理情形認知以「定期進行教師教學意見調查」

為最高，「提供實質協助，鼓勵參加研習」居次，其餘依序為「訂定優良教學教師獎勵辦法」、「定期舉辦教學相關的研討會」、「調查校內教師改善教學的需求」、「成立校內專責單位，協助改善教學與學習」及「定期出版有助於教學的刊物或手冊」。由此可知，絕大多數技術校院教師皆認為其任教學校大都能夠定期對學生進行教師教學意見調查，這個結果頗能反應目前各技術校院的現狀（廖年淼，民91）。另外，表 4-6-1 也顯示國內技術校院比較沒有針對改善教師教學與學生學習成立校內專責單位或出版相關刊物。

表 4-6-1　技術校院教師在「教學發展活動」符合程度各題項之選答情形

活動問項	填答人數	非常符合 人數（百分比）	符合 人數（百分比）	不符合 人數（百分比）	非常不符合 人數（百分比）	平均數（標準差）	等第
定期舉辦教學相關的研討會	767	152(19.8)	349(45.5)	225(29.3)	41(5.3)	2.80(.82)	4
定期出版有助於教學的刊物或手冊	763	106(13.9)	333(43.6)	255(33.4)	69(9.0)	2.62(.83)	6
成立校內專責單位，協助改善教學與學習	761	108(14.2)	325(42.7)	262(34.4)	66(8.7)	2.62(.83)	6
調查校內教師改善教學的需求	764	121(15.8)	344(45.0)	239(31.3)	60(7.9)	2.69(.83)	5
訂定獎勵教學優良教師的相關辦法	762	196(25.7)	317(41.6)	192(25.2)	57(7.5)	2.86(.89)	3
提供實質協助，鼓勵教師參加教學相關研習	766	261(34.1)	295(38.5)	155(20.2)	55(7.2)	2.99(.91)	2
定期對學生進行教師教學意見調查	760	369(48.6)	284(37.4)	88(11.6)	19(2.5)	3.32(.77)	1

貳、教師個人背景特徵與教學發展活動現況之分析

　　此一部分擬探討不同背景特徵之間，其技術校院教師對於教學發展活動辦理現況（符合程度）認知有無差異，藉以蠡測不同背景變項對於技術校院教師現況的影響。比較分析的方法為「單因子多變項變異數分析」，用以考驗學校層級、學校屬性、教師性別、最高學歷、教師職級、服務年資、每週授課時數及教師是否兼任行政主管職等背景變項不同，對七項教學發展活動所認知的現況平均數是否有顯著差異。

一、學校層級與教學發展活動現況認知

　　不同學校層級教師之教學發展活動現況認知多變項變異數分析結果如表 4-6-2。

　　由表 4-6-2，技術學院教師與科技大學教師的教學發展活動現況變異數分析結果中可知，Wilk's Λ 值為.957，多變項 F 值為 4.662，達到.01 顯著水準，表示技術學院教師與科技大學教師在教學發展活動的現況認知上有顯著差異。

　　再就單變項 F 值觀之，技術學校教師與科技大學教師對教學發展活動現況的認知，只有「提供實質協助，鼓勵教師參加教學相關研習」一項有顯著差異，其中以技術學院教師對教學發展活動現況的認知程度較高。

表 4-6-2　不同學校層級教師之教學發展活動現況認知多變項變異
數分析摘要表

變異來源	Wilk's Λ	多變項 F 值	
不同學校層級教師	.957	4.662**	（達顯著水準）

教學發展活動	1.技術學院 (n.=615)	2.科技大學 (n=126)	單變量 F 值	事後 比較
	平均數 （標準差）	平均數 （標準差）		
定期舉辦教學相關的研討會	2.785　(.033)	2.746　(.073)	.243	
定期出版有助於教學的刊物或手冊	2.639　(.034)	2.516　(.075)	2.266	
成立校內專責單位，改善教學與學習	2.642　(.034)	2.516　(.074)	2.408	
調查校內教師改善教學的需求	2.693　(.033)	2.659　(.074)	.175	
訂定獎勵教學優良教師的相關辦法	2.859　(.036)	2.817　(.079)	.224	
提供實質協助教師參加教學相關研習	3.050　(.036)	2.690　(.081)	16.566*	
定期對學生進行教師教學意見調查	3.306　(.031)	3.373　(.069)	.789	
整體	2.853　(.025)	2.760　(.055)	2.385	

*p<.05　　**p<.01

　　由以上分析可知，技術學院教師與科技大學教師對於教
學發展活動現況符合程度的看法有所差異，而差異的來源，
主要在於技術學院教師對「提供實質協助，鼓勵教師參加教
學相關研習」之教學活動符合程度有較高的認知。

二、學校屬性與教學發展活動現況認知

　　不同學校屬性教師之教學發展活動現況認知多變項變
異數分析結果如表 4-6-3。

表 4-6-3　不同學校屬性教師之教學發展活動現況認知多變項變異
數分析摘要表

變異來源	Wilk's Λ	多變項 F 值	
不同學校屬性教師	.917	9.461**	（達顯著水準）
教學發展活動	1.國立 (n=199) 平均數 （標準差）	2.私立 (n=542) 平均數 （標準差）	單變量 F 值　　事後 比較
定期舉辦教學相關的研討會	2.558　(.057)	2.860　(.035)	20.504**
定期出版有助於教學的刊物或手冊	2.487　(.059)	2.666　(.036)	6.673**
成立校內專責單位，改善教學與學習	2.477　(.059)	2.673　(.036)	8.125**
調查校內教師改善教學的需求	2.563　(.059)	2.732　(.036)	6.129*
訂定獎勵教學優良教師的相關辦法	2.523　(.061)	2.972　(.037)	39.393**
提供實質協助教師參加教學相關研習	2.628　(.063)	3.122　(.038)	45.002**
定期對學生進行教師教學意見調查	3.206　(.055)	3.358　(.033	5.627*
整體	2.635　(.043)	2.912　.(026)	30.123**

*p<.05　**p<.01

　　由表 4-6-3，國立技術校院教師與私立技術校院教師的
教學發展活動現況變異數分析結果中可知，其 Wilk's Λ 值
為.917，多變項 F 值為 9.461，達到.01 顯著水準，表示國立
技術校院教師與私立技術校院教師在教學發展活動的現況
認知上有顯著差異。

　　再就單變項 F 值觀之，國立技術校院教師與私立技術校
院教師對教學發展活動現況的認知，在七項教學發展活動及
其整體上皆達到顯著差異（除「調查校內教師改善教學的需
求」及「定期對學生進行教師教學意見調查」之顯著水準
為.05 外，其餘各項皆達到.01 的顯著水準），同時亦顯示，
私立技術校院教師在這八項活動（含整體）的現況認知平均
數皆高於國立技術校院的教師。

　　由以上分析可知，國立技術校院教師與私立技術校院教
師對於教學發展活動的現況認知有所差異，而差異的來源，

主要在於私立技術校院教師對各項教學活動（共七項）及「整體」現況上有較高的符合程度認知。這樣的差異型態其實頗不尋常，原因推論可能是因為私立學校有著比國立學校更高的辦學品質與招生壓力，同時也有評鑑及申領相關獎補助款項的誘因，促使私立學校更為重視各類型教學發展活動的進行，因此在私校的教師們有著比較高程度的符合現況認知。

三、教師性別與教學發展活動現況認知

不同性別教師之教學發展活動現況認知多變項變異數分析結果如表 4-6-4。

由表 4-6-4，男性技術校院教師與女性技術校院教師的教學發展活動現況變異數分析結果中可知，其 Wilk's Λ 值為.970，多變項 F 值為 3.261，達到.01 顯著水準，表示男性技術校院教師與女性技術校院教師在教學發展活動的現況認知上有顯著差異。

再就單變項 F 值觀之，女性技術校院教師與男性技術校院教師對教學發展活動現況的認知，分別在「定期舉辦教學相關的研討會」、「定期出版有助於教學的刊物或手冊」、「成立校內專責單位，協助改善教學與學習」、「調查校內教師改善教學的現況」、「訂定獎勵教學優良教師的相關辦法」和「提供實質協助，鼓勵教師參加教學相關研習」及「教學發展活動整體」上達到顯著水準，同時亦顯示，男性技術校院教師在這六項活動與整體現況符合的認知皆高於女性技術校院的教師。

表 4-6-4　不同性別教師之教學發展活動現況認知多變項變異數分析摘要表

變異來源	Wilk's Λ	多變項 F 值	
不同性別教師	.970	3.261**	（達顯著水準）
教學發展活動	1 男性 (n=504) 平均數 （標準差）	2.女性 (n=234) 平均數 （標準差）	單變量 F 值	事後 比較
定期舉辦教學相關的研討會	2.833　(.036)	2.662　(.053)	7.096**	
定期出版有助於教學的刊物或手冊	2.665　(.037)	2.521　(.054)	4.730*	
成立校內專責單位，改善教學與學習	2.694　(.037)	2.462　(.054)	12.732**	
調查校內教師改善教學的需求	2.740　(.037)	2.568　(.054)	6.903**	
訂定獎勵教學優良教師的相關辦法	2.940　(.039)	2.662　(.057)	16.054**	
提供實質協助教師參加教學相關研習	3.071　(.040)	2.812　(.059)	13.084**	
定期對學生進行教師教學意見調查	3.341　(.034)	3.265　(.051)	1.554	
整體	2.898　(.027)	2.708　(.040)	15.341**	

*p<.05　　**p<.01

　　由以上分析可知，男性技術校院教師與女性技術校院教師對於教學發展活動的現況認知有所差異，而差異的來源，主要在於男性技術校院教師對「定期舉辦教學相關的研討會」、「定期出版有助於教學的刊物或手冊」、「成立校內專責單位，協助改善教學與學習」、「調查校內教師改善教學的現況」、「訂定獎勵教學優良教師的相關辦法」和「提供實質協助，鼓勵教師參加教學相關研習」及「教學發展活動整體」等方面，有較高的符合程度認知。這樣的研究發現其實相當值得各技術校院重視，因為女性教師似乎在學校教學有關政策或措施等資訊的取得，顯著的不如男性老師，因此學校應該特別留意提升女性教師對於校務的察覺能力，必能配合學校政策提升教學或研究的成效。

四、教師最高學歷與教學發展活動現況認知

　　不同學歷教師之教學發展活動現況認知多變項變異數分析結果如表 4-6-5。

　　由表 4-6-5，不同學歷之技術校院教師的教學發展活動現況變異數分析結果中可知，Wilk's Λ 值為.983，多變項 F 值為 1.829，未達到顯著水準，表示不同學歷教師在教學發展活動的現況認知上並無顯著差異。

表 4-6-5　不同學歷教師之教學發展活動現況認知多變項變異數分析摘要表

變異來源	Wilk's Λ		多變項 F 值			
不同學歷教師	.983		1.829		（未達顯著水準）	
教學發展活動	1.博士 (n=276)		2.碩士以下 (n=459)		單變量 F 值	事後 比較
	平均數 （標準差）		平均數 （標準差）			
定期舉辦教學相關的研討會	2.692	(.049)	2.834	(.038)	5.290	
定期出版有助於教學的刊物或手冊	2.507	(.050)	2.688	(.039)	8.111	
成立校內專責單位，改善教學與學習	2.558	(.050)	2.660	(.039)	2.600	
調查校內教師改善教學的需求	2.601	(.050)	2.734	(.039)	4.438	
訂定獎勵教學優良教師的相關辦法	2.801	(.053)	2.876	(.041)	1.233	
提供實質協助教師參加教學相關研習	2.884	(.055)	3.048	(.043)	5.569	
定期對學生進行教師教學意見調查	3.279	(.047)	3.333	(.036)	.845	
整體	2.760	(.037)	2.882	(.029)	6.647	

*p<.05　　**p<.01

　　以上分析顯示，技術校院教師不因其最高學歷為博士學位或碩士以下學位，而在教學發展活動現況的看法上有所差異。

五、教師職級與教學發展活動現況認知

不同職級教師之教學發展活動現況認知多變項變異數分析結果如表 4-6-6。

表 4-6-6　不同職級教師之教學發展活動現況認知多變項變異數分析摘要表

變異來源	Wilk's Λ	多變項 F 值	
不同職級教師	.972	1.465	（未達顯著水準）

教學發展活動	1.教授 (n=32)	2.副／助理教授 (n=295)	3.講師 (n=407)	單變量 F 值	事後 比較
	平均數 （標準差）	平均數 （標準差）	平均數 （標準差）		
定期舉辦教學相關的研討會	2.625（.144）	2.759（.047）	2.801（.040）	.807	
定期出版有助於教學的刊物或手冊	2.563（.148）	2.55496（.049）	2.663（.041）	1.485	
成立校內專責單位，改善教學與學習	2.500（.148）	2.59048（.049）	2.651（.041）	.805	
調查校內教師改善教學的需求	2.594（.147）	2.63453（.048）	2.732（.041）	1.408	
訂定獎勵教學優良教師的相關辦法	2.469（.156）	2.847（.051）	2.885（.044）	3.296	
提供實質協助教師參加教學相關研習	2.469（.160）	2.956（.053）	3.064（.045）	6.863	
定期對學生進行教師教學意見調查	3.188（.137）	3.302（.045）	3.339（.038）	.667	
整體	2.639（.109）	2.806（.036）	2.876（.031）	2.987	

*p<.05　**p<.01

由表 4-6-6，不同職級之技術校院教師的教學發展活動現況變異數分析結果中可知，Wilk's Λ 值為.972，多變項 F 值為 1.465，未達到顯著水準，表示不同職級教師在教學發展活動的現況上並無顯著差異。

由以上分析可知，技術校院教師不因其擔任職級為教授、副（助理）教授或講師，而對教學發展活動現況的認知程度有所差異。

六、教師服務年資與教學發展活動現況認知

不同服務年資教師之教學發展活動現況認知多變項變異數分析結果如表 4-6-7。

由表 4-6-7，不同任教年資教師的教學發展活動現況變異數分析結果中可知，Wilk's Λ 值為.957，多變項 F 值為 2.341，已達.01 顯著水準，表示不同服務年資的技術校院教師，對教學發展活動的現況認知程度上有顯著差異。

表 4-6-7 不同服務年資教師之教學發展活動現況認知多變項變異數分析摘要表

變異來源	Wilk's Λ		多變項 F 值		
不同年資教師	.957		2.341**		（達顯著水準）
教學發展活動	1.未滿 5 年 (n=226) 平均數 （標準差）	2.5 年-未滿 15 年 (n=347) 平均數 （標準差）	3.15 年以上 (n=168) 平均數 （標準差）	單變量 F 值	事後 比較
定期舉辦教學相關的研討會	2.823（.054）	2.697（.044）	2.887（.063）	3.564*	3>2
定期出版有助於教學的刊物或手冊	2.558（.055）	2.582（.045）	2.774（.064）	3.845*	3>1
成立校內專責單位，改善教學與學習	2.562（.055）	2.620（.045）	2.702（.064）	1.369	
調查校內教師改善教學的需求	2.699（.055）	2.654（.045）	2.738（.064）	.614	
訂定獎勵教學優良教師的相關辦法	2.920（.059）	2.839（.048）	2.786（.068）	1.181	
提供實質協助教師參加教學相關研習	2.973（.061）	3.017（.049）	2.952（.071）	.333	
定期對學生進行教師教學意見調查	3.385（.052）	3.294（.042）	3.274（.060）	1.284	
整體	2.846（.041）	2.815（.033）	2.873（.048）	.531	

*p<.05　**p<.01

再就單變項 F 值觀之，不同教師服務年資之間具有顯著差異之教學發展活動計有「定期舉辦教學相關的研討會」及「定期出版有助於教學的刊物或手冊」二項，皆達 .01 顯著水準，進一步以 Scheffe 法比較，顯示在「定期舉辦教學相關的研討會」上，服務年資在 15 年以上的技術校院教師，對現況認知的符合程度顯著高於服務年資介於 5 年至未滿 15 年之技術校院教師，而在「定期出版有助於教學的刊物或手冊」的現況方面，服務年資在 15 年以上的技術校院教師所認知的符合程度，亦顯著高於服務年資在 5 年以下之技術校院教師。

　　由以上分析可知，不同服務年資之技術校院教師對於教學發展活動的現況有所差異，而差異的來源有二，其一為服務年資在 15 年以上的技術校院教師對於「定期舉辦教學相關的研討會」之現況認知，顯著高於服務年資介於 5 年至未滿 15 年的技術校院教師；其次為服務年資在 15 年以上的技術校院教師對於「定期出版有助於教學的刊物或手冊」之現況認知，亦顯著高於服務年資在 5 年以下的技術校院教師。

七、每週授課時數與教學發展活動現況認知

　　不同授課時數教師之教學發展活動現況認知多變項變異數分析結果如表 4-6-8。

表 4-6-8　不同授課時數教師之教學發展活動現況認知多變項變異
　　　　數分析摘要表

變異來源	Wilk's Λ	多變項 F 值	
不同時數活動	.979	1.112	（未達顯著水準）

教學發展知能	1.9 小時以下 (n=95)	2.10-15 小時 (n=536)	3.16 小時以上 (n=108)	單變量 F 值	事後比較
	平均數（標準差）	平均數（標準差）	平均數（標準差）		
定期舉辦教學相關的研討會	2.684（.084）	2.808（.035）	2.704（.078）	1.438	
定期出版有助於教學的刊物或手冊	2.547（.086）	2.642（.036）	2.556（.081）	.852	
成立校內專責單位，改善教學與學習	2.505（.085）	2.662（.036）	2.509（.080）	2.557	
調查校內教師改善教學的需求	2.674（.085）	2.683（.036）	2.704（.080）	.038	
訂定獎勵教學優良教師的相關辦法	2.768（.091）	2.864（.038）	2.861（.085）	.475	
提供實質協助教師參加教學相關研習	2.874（.094）	3.017（.039）	2.944（.088）	1.131	
定期對學生進行教師教學意見調查	3.274（.080）	3.306（.033）	3.398（.075）	.792	
整體	2.761（.064）	2.854（.027）	2.811（.060）	1.020	

*p<.05　**p<.01

　　由表 4-6-8，每週不同授課時數教師的教學發展活動現況變異數分析結果中可知，Wilk's Λ 值為.979，多變項 F 值為 1.112，未達顯著水準，表示每週授課時數不同的技術校院教師，在教學發展活動的現況認知程度上並無顯著差異。

　　由以上分析可知，技術校院教師不因其每週授課時數之不同，而對教學發展活動現況的認知有所差異。

八、教師是否兼任行政主管職務與教學發展活動現況認知

　　教師兼任行政與否之教學發展活動現況認知多變項變異數分析結果如表 4-6-9。

表 4-6-9　教師兼任行政與否之教學發展活動現況認知多變項變異
數分析摘要表

變異來源	Wilk's Λ	多變項 F 值			
不同職務教師	.985	1.537	（未達顯著水準）		
教學發展活動	1.未兼行政主管 (n=548)		2.兼行政主管 (n=181)		單變量 事後 F 值 比較
	平均數（標準差）		平均數（標準差）		
定期舉辦教學相關的研討會	2.774	(.035)	2.773	(.061)	.000
定期出版有助於教學的刊物或手冊	2.613	(.036)	2.624	(.062)	.024
成立校內專責單位，改善教學與學習	2.593	(.035)	2.680	(.062)	1.475
調查校內教師改善教學的需求	2.657	(.035)	2.746	(.062)	1.571
訂定獎勵教學優良教師的相關辦法	2.816	(.038)	2.928	(.066)	2.194
提供實質協助教師參加教學相關研習	2.925	(.039)	3.138	(.068)	7.457
定期對學生進行教師教學意見調查	3.281	(.033)	3.403	(.058)	3.375
整體	2.808	(.026)	2.899	(.046)	2.916

*p<.05　**p<.01

　　由表 4-6-9，技術校院教師是否兼任行政主管職務對於
教學發展活動現況認知的變異數分析結果中可知，Wilk's Λ
值為.985，多變項 F 值為 1.537，未達顯著水準，表示技術
校院教師兼任行政主管職務與否，在教學發展活動現況的認
知上並無顯著差異。

　　由以上分析可知，技術校院教師對於教學發展活動現況
的認知，並未因其是否兼任行政主管職務與而有所差異。

參、本節綜合討論

　　從本節對技術校院教師在教學發展活動現況認知情
形，及教師個人背景特徵與教學發展活動辦理現況的分析探

討可知，技術校院教師之認知以「定期進行教師教學意見調查」為最高，而以「成立校內專責單位，協助改善教學與學習」及「定期出版有助於教學的刊物或手冊」為最低，由此可知，絕大多數技術校院教師皆認為其任教學校大都能夠定期對學生進行教師教學意見調查，而較沒有針對改善教師教學與學生學習成立校內專責單位或出版相關刊物，而這些亦是技術校院未來致力於提升教學效能的可行方向。

　　另外，在個人背景變項的方面，本研究結果發現技術校院教師任教的學校層級、屬性、教師性別及年資等對教學發展活動現況的認知，將造成統計上的顯著差異，茲將技術校院教師背景變項對教學發展知能現況的影響列於表 4-6-10。

表 4-6-10　不同背景變項對教學發展活動現況認知考驗摘要表

不同背景變項	學校層級	學校屬性	教師性別	最高學歷	教師職級	服務年資	授課時數	主管職務
多變項 F 值 活動別	●	●	●			●		
定期舉辦教學相關的研討會		○	○			○		
定期出版有助於教學的刊物或手冊		○	○			○		
成立校內專責單位，協助改善教學與學習		○	○					
調查校內教師改善教學的現況		○	○					
訂定獎勵教學優良教師的相關辦法		○	○					
提供實質協助，鼓勵教師參加教學相關研習	○	○	○					
定期對學生進行教師教學意見調查		○						
整體		○	○					

● 表示該背景變項在教學發展活動的現況認知上達到顯著差異
○ 表示該背景變項在該構面的平均數差異達顯著水準

　　在學校層級方面，技術學院教師對於「提供實質協助，鼓勵教師參加教學相關研習」之教學活動現況符合程度認知顯著高於任職於科技大學的教師。

其次，在學校屬性方面，私立技術校院教師對各項教學活動，包括「定期舉辦教學相關的研討會」、「定期出版有助於教學的刊物或手冊」、「成立校內專責單位」，「改善教學與學習、調查校內教師改善教學的需求」、「訂定獎勵教學優良教師的相關辦法」、「提供實質協助教師參加教學相關研習」、「定期對學生進行教師教學意見調查」，及「整體」上有較高的符合程度認知。

　　復次，就性別而言，除了在「定期對學生進行教師教學意見調查」一項教學活動之外，男性技術校院教師對「定期舉辦教學相關的研討會」、「定期出版有助於教學的刊物或手冊」、「成立校內專責單位，協助改善教學與學習」、「調查校內教師改善教學的現況」、「訂定獎勵教學優良教師的相關辦法」和「提供實質協助，鼓勵教師參加教學相關研習」及教學發展活動整體上皆有較高的符合感受。

　　最後，就不同服務年資之技術校院教師對教學發展活動的現況言之，本研究發現為服務年資在 15 年以上的技術校院教師對於「定期舉辦教學相關的研討會」之現況認知顯著高於服務年資介於 5 年至未滿 15 年的技術校院教師；而 15 年以上服務年資的技術校院教師對「定期出版有助於教學的刊物或手冊」之現況認知亦顯著高於服務年資在 5 年以下的技術校院教師。

　　至於教師的最高學歷、職級、授課時數及兼任行政職務等不同背景，其教學發展活動各構面及整體的現況則無顯著差異，顯示教師的學歷、職級高低及授課時數、行政職務等差異，對於教學發展活動現況的認知並無不同。

　　整體而言，私立學校在促進教師教學能力成長的教學發展活動方面，要比公立技術校院更不遺餘力，因此私校教師能夠任知道這些活動的進行，但是女性教師對於這些教學發展活動的察覺情況卻遠不如男性教師，這種情形頗值得技術校院重視加強對女性教師有關校務活動的宣導，特別是有關教學發展活動方面的宣導，讓女性教師資訊的取得能夠與男性教師並駕齊驅。

第七節　技術校院教師教學發展活動需求認知之分析

　　本節旨在根據實際調查所得資料，分析技術校院教師背景特徵與其對教學發展活動需求的關係。此處所稱的背景特徵包括其任教學校層級、學校屬性、性別、學歷、職級、年資、每週授課時數及是否兼任職務情形等；而教學發展活動需求則為技術校院教師認知的教學發展活動重要性（重要程度）與學校辦理現況（符合程度）之間的差距。全節共分三部分，第一部分為技術校院教師在七項教學發展活動需求認知情形的分析，第二部分為教師個人背景特徵與教學發展活動需求認知之分析，第三部分則為本節的綜合討論。

　　以下茲就技術校院教師在七項教學發展活動與整體需求之認知情形及背景變項之影響分析如后。

壹、技術校院教師在教學發展活動「需求程度」各構面之認知情形

　　此一部分探討技術校院教師對於教學發展活動需求程度的認知情形，為考驗技術校院教師所認知的教學發展活動重要程度與符合程度間是否存有顯著的差距，本研究特以相依樣本平均數差異的 t 檢定的方法，考驗技術校院教師對於教學發展活動所評之「重要程度」平均數與「符合程度」平

均數之間的差距是否具有顯著性。茲將技術校院教師兩類平均數的 t 檢定結果臚列於表 4-7-1。

　　從表 4-7-1 可知，技術校院教師在七項教學發展知能構面的「重要程度」平均數皆顯著高於「符合程度」平均數，足見七項教學發展活動有待加強的空間。易言之，技術校院教師所認知的教學發展活動的重要程度與學校辦理現況的符合程度之間存有顯著的差距。而就「需求程度」觀之，技術校院教師認為需求最大的是「調查校內教師改善教學的需求」，其次為「成立校內專責單位，協助改善教學與學習」，而需求最小的則為「定期對學生進行教師教學意見調查」，其次為「定期舉辦教學相關的研討會」。由此可知，技術校院教師多認為目前之技術校院大多可以定期對學生進行教師教學意見調查或舉辦教學研討會，來提昇教師的教學知能，而在調查校內教師改善教學需求或成立改善教學專責機構方面則較為欠缺，亦可以是未來加強的目標。

表 4-7-1　技術校院教師在「教學發展活動需求程度」之 t 檢定

活　動　別	重視程度 平均數 （標準差）	符合程度 平均數 （標準差）	需求程度 平均數 （標準差）	t 值	需求 程度 等第
定期舉辦教學相關的研討會	3.38 (.69)	2.80 (.82)	.58 (.93)	17.14**	6
定期出版有助於教學的刊物或手冊	3.25 (.74)	2.62 (.83)	.62 (.93)	18.41**	3
成立校內專責單位，協助改善教學與學習	3.32 (.75)	2.62 (.83)	.70 (.96)	19.91**	2
調查校內教師改善教學的需求	3.43 (.67)	2.69 (.83)	.74 (.94)	21.75**	1
訂定獎勵教學優良教師的相關辦法	3.47 (.71)	2.86 (.89)	.62 (.96)	17.73**	3
提供實質協助，鼓勵教師參加教學相關研習	3.59 (.63)	2.99 (.91)	.59 (.95)	17.91**	5
定期對學生進行教師教學意見調查	3.39 (.72)	3.32 (.77)	.07 (.89)	2.24*	7

*p<.05　**p<.01

貳、教師個人背景特徵與教學發展活動「需求程度」認知之分析

　　此一部分擬探討不同背景特徵之技術校院教師，對於教學發展活動的需求認知有無差異，藉以蠡測不同背景變項對於技術校院教師需求認知的影響，比較分析的方法為「單因子多變項變異數分析」，用以考驗學校層級、學校屬性、教師性別、最高學歷、教師職級、服務年資、每週授課時數及教師是否兼任行政主管職等不同背景變項，對七項教學發展活動所認知的需求程度平均數是否有顯著差異。

一、學校層級與教學發展活動需求程度認知

　　不同學校層級教師之教學發展活動需求程度認知多變項變異數分析結果如表 4-7-2。

　　由表 4-7-2，技術學院教師與科技大學教師的教學發展活動需求程度變異數分析結果中可知，Wilk's Λ 值為.980，多變項 F 值為 2.141，達到.05 顯著水準，表示技術學院教師與科技大學教師在教學發展活動的需求認知上有顯著差異。

表 4-7-2　不同學校層級教師之教學發展活動需求程度認知多變項
　　　　　變異數分析摘要表

變異來源	Wilk's Λ		多變項 F 值			
不同學校層級教師	.980		2.141*		（達顯著水準）	
教學發展活動	1.技術學院 (n.=612)		2.科技大學 (n=125)		單變量 F 值	事後 比較
	平均數 （標準差）		平均數 （標準差）			
定期舉辦教學相關的研討會	.696	(.033)	.568	(.073)	2.553	
定期出版有助於教學的刊物或手冊	.704	(.033)	.688	(.074)	.040	
成立校內專責單位，改善教學與學習	.773	(.035)	.736	(.077)	.188	
調查校內教師改善教學的需求	.817	(.035)	.720	(.077)	1.323	
訂定獎勵教學優良教師的相關辦法	.708	(.034)	.648	(.076)	.511	
提供實質協助教師參加教學相關研習	.634	(.034)	.808	(.076)	4.331*	
定期對學生進行教師教學意見調查	.312	(.025)	.240	(.055)	1.415	
整體	.663	(.024)	.630	(.052)	.347	

*p<.05　**p<.01

　　再就單變項 F 值觀之，技術學校教師與科技大學教師對
教學發展活動需求的認知，只有「提供實質協助，鼓勵教師
參加教學相關研習」一項達顯著差異，其中以科技大學教師
所認知的需求程度較高。

　　由以上分析可知，技術學院教師與科技大學教師對於教
學發展活動的需求有所差異，而差異的來源，主要在於科技
大學教師對「提供實質協助，鼓勵教師參加教學相關研習」
之教學活動有較高的需求。

二、學校屬性與教學發展活動需求程度認知

　　不同學校屬性教師之教學發展活動需求程度認知多變
項變異數分析結果如表 4-7-3。

表 4-7-3　不同學校屬性教師之教學發展活動需求程度認知多變項
　　　　　變異數分析摘要表

變異來源	Wilk's Λ		多變項 F 值			
不同學校屬性教師	.975		2.663*		（達顯著水準）	
教學發展活動	1.國立 (n=197)		2.私立 (n=540)		單變量 F 值	事後 比較
	平均數 （標準差）		平均數 （標準差）			
定期舉辦教學相關的研討會	.812	(.058)	.624	(.035)	7.713**	
定期出版有助於教學的刊物或手冊	.787	(.059)	.670	(.036)	2.863	
成立校內專責單位，改善教學與學習	.863	(.062)	.731	(.037)	3.338	
調查校內教師改善教學的需求	.817	(.061)	.794	(.037)	.102	
訂定獎勵教學優良教師的相關辦法	.777	(.060)	.669	(.036)	2.350	
提供實質協助教師參加教學相關研習	.797	(.061)	.615	(.037)	6.619**	
定期對學生進行教師教學意見調查	.284	(.044)	.306	(.027)	.171	
整體	.734	(.041)	.630	(.025)	4.624*	

*p<.05　　**p<.01

　　由表 4-7-3，國立技術校院教師與私立技術校院教師的
教學發展活動需求程度變異數分析結果中可知，Wilk's Λ 值
為.975，多變項 F 值為 2.663，達到.05 顯著水準，表示國立
技術校院教師與私立技術校院教師在教學發展活動的需求
認知上有顯著差異。

　　再就單變項 F 值觀之，國立技術校院教師與私立技術校
院教師對教學發展活動需求的認知，分別在「定期舉辦教學
相關的研討會」及「提供實質協助，鼓勵教師參加教學相關
研習」二項有顯著差異（顯著水準皆為 .01），同時亦顯示，
國立技術校院教師在這二項活動的需求程度平均數皆高於
私立技術校院的教師。此外，國立技術校院教師在教學發展
活動整體的需求上亦顯著高於私立技術校院教師（顯著水準
達.05）。

　　由以上分析可知，國立技術校院教師與私立技術校院教師對於教學發展活動的需求認知有所差異，而差異的來源，主要在於國立技術校院教師對「定期舉辦教學相關的研討會」、「提供實質協助，鼓勵教師參加教學相關研習」二項教學活動及「整體」等方面有較高的需求。

三、教師性別與教學發展活動需求程度認知

　　不同性別教師之教學發展活動需求程度認知多變項變異數分析結果如表 4-7-4。

表 4-7-4　不同性別教師之教學發展活動需求程度認知多變項變異數分析摘要表

變異來源	Wilk's Λ		多變項 F 值			
不同性別教師	.960		4.349**		（達顯著水準）	
教學發展活動	1 男性 (n=502) 平均數 （標準差）		2.女性 (n=232) 平均數 （標準差）		單變量 F 值	事後 比較
定期舉辦教學相關的研討會	.586	(.036)	.866	(.053)	19.202**	
定期出版有助於教學的刊物或手冊	.618	(.036)	.871	(.054)	15.295**	
成立校內專責單位，改善教學與學習	.667	(.038)	.978	(.056)	21.198**	
調查校內教師改善教學的需求	.721	(.038)	.974	(.056)	14.009**	
訂定獎勵教學優良教師的相關辦法	.622	(.038)	.853	(.055)	12.083**	
提供實質協助教師參加教學相關研習	.588	(.038)	.823	(.056)	12.273**	
定期對學生進行教師教學意見調查	.271	(.027)	.358	(.040)	3.168	
整體	.582	(.025)	.818	(.037)	27.153**	

*p<.05　**p<.01

　　由表 4-7-4，男性技術校院教師與女性技術校院教師的教學發展活動需求程度變異數分析結果中可知，Wilk's Λ 值為.960，多變項 F 值為 4.349，達到.01 顯著水準，表示男性

技術校院教師與女性技術校院教師在教學發展活動的需求
認知上有顯著差異。

　　再就單變項 F 值觀之，女性技術校院教師與男性技術校
院教師對教學發展活動需求的認知，分別在「定期舉辦教學
相關的研討會」、「定期出版有助於教學的刊物或手冊」、
「成立校內專責單位，協助改善教學與學習」、「調查校內
教師改善教學的需求」、「訂定獎勵教學優良教師的相關辦
法」和「提供實質協助，鼓勵教師參加教學相關研習」及「教
學發展活動整體」上達到 .01 顯著水準，同時亦顯示，女性
技術校院教師在這六項活動與整體的需求程度平均數皆高
於男性技術校院的教師。

　　由以上分析可知，男性技術校院教師與女性技術校院教
師對於教學發展活動的需求有所差異，而差異的來源，主要
在於女性技術校院教師對「定期舉辦教學相關的研討會」、
「定期出版有助於教學的刊物或手冊」、「成立校內專責單
位，協助改善教學與學習」、「調查校內教師改善教學的需
求」、「訂定獎勵教學優良教師的相關辦法」、「提供實質
協助，鼓勵教師參加教學相關研習」，以及「教學發展活動
整體」上有較高的需求。

四、教師最高學歷與教學發展活動需求程度認知

　　不同學歷教師之教學發展活動需求程度認知多變項變
異數分析結果如表 4-7-5。

表 4-7-5 不同學歷教師之教學發展活動需求程度認知多變項變異
數分析摘要表

變異來源	Wilk's Λ	多變項 F 值	
不同學歷教師	.994	.647	（未達顯著水準）

教學發展活動	1.博士 (n=276) 平均數 （標準差）		2.碩士以下 (n=455) 平均數 （標準差）		單變量 F 值	事後比較
定期舉辦教學相關的研討會	.659	(.049)	.684	(.038)	.149	
定期出版有助於教學的刊物或手冊	.649	(.050)	.732	(.039)	1.738	
成立校內專責單位，改善教學與學習	.736	(.052)	.789	(.040)	.660	
調查校內教師改善教學的需求	.812	(.052)	.796	(.040)	.059	
訂定獎勵教學優良教師的相關辦法	.674	(.051)	.719	(.040)	.477	
提供實質協助教師參加教學相關研習	.674	(.052)	.662	(.040)	.036	
定期對學生進行教師教學意見調查	.290	(.037)	.310	(.029)	.179	
整體	.642	(.035)	.670	(.027)	.402	

*p<.05　**p<.01

　　由表 4-7-5，不同學歷之技術校院教師的教學發展活動
需求程度變異數分析結果中可知，Wilk's Λ 值為.994，多變
項 F 值為.647，未達到顯著水準，表示不同學歷教師在教學
發展活動的需求認知上並無顯著差異。

　　以上分析顯示，技術校院教師不因其最高學歷為博士
學位或碩士以下學位，而在教學發展活動的需求認知有所
差異。

五、教師職級與教學發展活動需求程度認知

　　不同職級教師之教學發展活動需求程度認知多變項變
異數分析結果如表 4-7-6。

表 4-7-6　不同職級教師之教學發展活動需求程度認知多變項變異
　　　　　數分析摘要表

變異來源	Wilk's Λ		多變項 F 值		
不同職級教師	.986		.733		（未達顯著水準）
教學發展活動	1.教授 (n=32)	2.副／助理教授 (n=294)	3.講師 (n=404)	單變量 F 值	事後 比較
	平均數 （標準差）	平均數 （標準差）	平均數 （標準差）		
定期舉辦教學相關的研討會	.687（.145）	.663（.048）	.691（.041）	.096	
定期出版有助於教學的刊物或手冊	.563（.147）	.687（.048）	.728（.041）	.691	
成立校內專責單位，改善教學與學習	.781（.154）	.728（.051）	.792（.043）	.470	
調查校內教師改善教學的需求	.656（.152）	.830（.050）	.790（.043）	.652	
訂定獎勵教學優良教師的相關辦法	.750（.151）	.684（.050）	.708（.042）	.127	
提供實質協助教師參加教學相關研習	.813（.151）	.656（.050）	.653（.042）	.525	
定期對學生進行教師教學意見調查	.313（.109）	.296（.036）	.300（.031）	.011	
整體	.652（.103）	.649（.034）	.666（.029）	.071	

*p<.05　　**p<.01

　　由表 4-7-6，不同職級之技術校院教師的教學發展活動
需求程度變異數分析結果中可知，Wilk's Λ 值為.986，多變
項 F 值為.733，未達到顯著水準，表示不同職級教師在教學
發展活動的需求認知上並無顯著差異。

　　由以上分析可知，技術校院教師不因其擔任職級為教
授、副（助理）教授或講師，而對教學發展活動的需求認知
有所差異。

六、教師服務年資與教學發展活動需求程度認知

　　不同服務年資教師之教學發展活動需求程度認知多變
項變異數分析結果如表 4-7-7。

由表 4-7-7，不同任教年資教師的教學發展活動需求程度變異數分析結果中可知，Wilk's Λ 值為.965，多變項 F 值為 1.892，已達.05 顯著水準，表示不同服務年資的技術校院教師，在教學發展活動的需求認知上有顯著差異。

表 4-7-7 不同服務年資教師之教學發展活動需求程度認知多變項變異數分析摘要表

變異來源	Wilk's Λ		多變項 F 值		
不同年資教師	.965		1.892*		（達顯著水準）
教學發展活動	1.未滿 5 年 (n=226)	2.5 年-未滿 15 年 (n=166)	3.15年以上 (n=345)	單變量 F 值	事後比較
	平均數 （標準差）	平均數 （標準差）	平均數 （標準差）		
定期舉辦教學相關的研討會	.566（.054）	.788（.044）	.584（.063）	6.429**	2>1 2>3
定期出版有助於教學的刊物或手冊	.712（.055）	.748（.045）	.590（.064）	2.062	
成立校內專責單位，改善教學與學習	.796（.058）	.780（.047）	.699（.067）	.682	
調查校內教師改善教學的需求	.832（.057）	.835（.046）	.687（.067）	1.883	
訂定獎勵教學優良教師的相關辦法	.668（.056）	.725（.046）	.681（.066）	.344	
提供實質協助教師參加教學相關研習	.717（.057）	.638（.046）	.645（.066）	.638	
定期對學生進行教師教學意見調查	.283（.041）	.333（.033）	.253（.048）	1.067	
整體	.654（.039）	.692（.031）	.591（.045）	1.701	

*p<.05 **p<.01

再就單變項 F 值觀之，不同教師服務年資之間具有顯著差異之教學發展活動，只有「定期舉辦教學相關的研討會」一項（達 .01 顯著水準），進一步以 Scheffe 法比較，顯示服務年資介於 5 年至未滿 15 年之技術校院教師的需求認知，高於未滿 5 年及 15 年以上服務年資的技術校院教師，兩者差異具有顯著性。

由以上分析可知，不同服務年資之技術校院教師對於教學發展活動的需求認知有所差異，而差異的來源，主要在於

服務年資介於 5 年至未滿 15 年之技術校院教師對於「定期
舉辦教學相關的研討會」之需求，顯著高於未滿 5 年及 15
年以上服務年資的技術校院教師。

七、每週授課時數與教學發展活動需求程度認知

不同授課時數教師之教學發展活動需求程度認知多變
項變異數分析結果如表 4-7-8。

表 4-7-8　不同授課時數教師之教學發展活動需求程度認知多變項
　　　　變異數分析摘要表

變異來源	Wilk's Λ	多變項 F 值	
不同時數活動	.962	2.015*	（達顯著水準）

教學發展知能	1.9 小時以下 (n=95) 平均數 (標準差)	2.10-15 小時 (n=533) 平均數 (標準差)	3.16 小時以上 (n=107) 平均數 (標準差)	單變量 F 值	事後比較
定期舉辦教學相關的研討會	.726（.084）	.642（.035）	.794（.079）	1.773	
定期出版有助於教學的刊物或手冊	.726（.085）	.679（.036）	.794（.080）	.908	
成立校內專責單位，改善教學與學習	.863（.088）	.711（.037）	.963（.083）	4.463*	3>2
調查校內教師改善教學的需求	.768（.088）	.811（.037）	.794（.083）	.102	
訂定獎勵教學優良教師的相關辦法	.663（.087）	.694（.037）	.738（.082）	.205	
提供實質協助教師參加教學相關研習	.663（.088）	.640（.037）	.794（.083）	1.462	
定期對學生進行教師教學意見調查	.400（.063）	.296（.027）	.234（.060）	1.872	
整體	.687（.060）	.639（.025）	.730（.056）	1.228	

*p<.05　**p<.01

由表 4-7-8，每週不同授課時數教師的教學發展活動需
求程度變異數分析結果中可知，Wilk's Λ 值為.962，多變項
F 值為 2.015，已達.05 顯著水準，表示每週授課時數不同的
技術校院教師，在教學發展活動的需求認知上有顯著差異。
再就單變項 F 值觀之，不同授課時數教師之間具有顯著
差異之教學發展活動，只有「成立校內專責單位，協助改善

教學與學習」一項（達 .05 顯著水準），進一步以 Scheffe
法比較，顯示在此教學發展活動上，授課時數達十六小時以
上的技術校院教師，其所認知的需求程度高於授課時數在九
小時以下的教師，兩者差異具有顯著性。

　　由以上分析可知，每週不同授課時數之技術校院教師，
對於教學發展活動的需求有所差異，而差異的來源，主要在
於授課時數達十六小時以上的技術校院教師，對於「成立校
內專責單位，協助改善教學與學習」活動之需求，顯著高於
授課時數在授課時數介於十至十四小時的教師。

八、教師是否兼任行政主管職務與教學發展活動需求程度認知

　　教師兼任行政與否之教學發展活動需求程度認知多變
項變異數分析結果如表 4-7-9。

表 4-7-9　教師兼任行政與否之教學發展活動需求程度認知多變項
　　　　　變異數分析摘要表

變異來源	Wilk's Λ		多變項 F 值		
不同職務教師	.977		2.401*	（達顯著水準）	
教學發展活動	1.未兼行政主管 (n=545)		2.兼行政主管 (n=180)	單變量 F 值	事後比較
	平均數（標準差）		平均數（標準差）		
定期舉辦教學相關的研討會	.662	(.035)	.700	(.061)	.286
定期出版有助於教學的刊物或手冊	.716	(.035)	.639	(.062)	1.164
成立校內專責單位，改善教學與學習	.800	(.037)	.667	(.065)	3.202
調查校內教師改善教學的需求	.844	(.037)	.689	(.064)	4.407*
訂定獎勵教學優良教師的相關辦法	.739	(.036)	.589	(.063)	4.260*
提供實質協助教師參加教學相關研習	.734	(.036)	.483	(.063)	11.785**
定期對學生進行教師教學意見調查	.314	(.027)	.272	(.046)	.605
整體	.687	(.025)	.577	(.043)	4.846*

*p<.05　**p<.01

由表 4-7-9，技術校院教師是否兼任行政主管職務對於教學發展活動需求程度變異數分析結果中可知，Wilk's Λ 值為.977，多變項 F 值為 2.401，已達.05 顯著水準，表示技術校院教師兼任行政主管職務與否，對教學發展活動的需求認知有顯著差異。

　　再就單變項 F 值觀之，未兼行政主管職務的教師對於「調查校內教師改善教學的需求」、「訂定獎勵教學優良教師的相關辦法」、「提供實質協助，鼓勵教師參加教學相關研習」等三項教學發展活動及「整體」的需求，顯著高於兼任行政主管之技術校院教師，其中未兼任行政主管職務的教師，對於上述三項活動及整體上皆有較高的需求。

　　由以上分析可知，技術校院教師兼任行政主管職務與否，對於教學發展活動的需求有所差異，而差異的來源，主要在於未兼任行政主管職務的技術校院教師，對於「調查校內教師改善教學的需求」、「訂定獎勵教學優良教師的相關辦法」、「提供實質協助，鼓勵教師參加教學相關研習」等三項教學發展活動及「整體」的需求較高。

參、本節綜合討論

　　從本節對技術校院教師在教學發展活動需求各構面認知情形，及教師個人背景特徵與教學發展活動需求認知的分析探討可知，技術校院教師認為需求最大的教學發展活動為「調查校內教師改善教學的需求」，其次為「成立校內專責單位，協助改善教學與學習」，而需求最小的則為「定期對

學生進行教師教學意見調查」，其次為「定期舉辦教學相關的研討會」，由此可知，技術校院教師多認同學校可以透過定期對學生進行教師教學意見調查，或舉辦教學研討會來提昇教師的教學知能，而在調查校內教師改善教學需求或成立改善教學專責機構方面，則是未來值得努力的方向。

另外，除「定期對學生進行教師教學意見調查」外，技術校院教師的學校層級、屬性、教師性別、年資、授課時數與兼任行政主管職務與否等不同背景變項，對於各項教學發展活動需求的認知，存在統計上的顯著差異，茲將技術校院教師背景變項對教學發展知能需求程度的影響列於表4-7-10。

表 4-7-10　不同背景變項對教學發展活動需求程度認知考驗摘要表

不同背景變項	學校層級	學校屬性	教師性別	最高學歷	教師職級	服務年資	授課時數	主管職務
多變項 F 值　　　　　　活動別	●	●	●			●	●	●
定期舉辦教學相關的研討會		○	○			○		
定期出版有助於教學的刊物或手冊			○					
成立校內專責單位，協助改善教學與學習			○				○	
調查校內教師改善教學的需求			○					○
訂定獎勵教學優良教師的相關辦法			○					○
提供實質協助，鼓勵教師參加教學相關研習	○	○	○					○
定期對學生進行教師教學意見調查								
整體		○	○					○

● 表示該背景變項在教學發展活動的需求認知上達到顯著差異
○ 表示該背景變項在該構面的平均數差異達顯著水準

在學校層級與屬性方面，科技大學及國立技術校院的教師對「提供實質協助，鼓勵教師參加教學相關研習」之教學

活動的需求程度，顯著高於任職於技術學校及私立技術校院
的教師。此外，國立技術校院之教師在「定期舉辦教學相關
的研討會」及「整體」的需求上，亦有較高的需求。換言之，
「提供實質協助，鼓勵教師參加教學相關研習」與「定期舉
辦教學相關研討會」方面，公立學校與科技大學類型學校的
舉辦情形顯著的未能符合教師們的期待。

　　其次，就性別而言，女性技術校院教師在「定期舉辦教
學相關的研討會」、「定期出版有助於教學的刊物或手冊」、
「成立校內專責單位，協助改善教學與學習」、「調查校內
教師改善教學的需求」、「訂定獎勵教學優良教師的相關辦
法」和「提供實質協助，鼓勵教師參加教學相關研習」及「教
學發展活動整體」的需求表現上，皆顯著高於男性技術校院
教師，造成這樣的結果，一方面可能是由於女性教師對各類
型教學發展活動的期待比較高，另一方面對於學校相關措施
的察覺情形顯著的不如男性教師，因此對於教學發展相關活
動的期待落差，自然就比男性教師要來得顯著了。

　　復次，就不同服務年資之技術校院教師對教學發展活動
的需求言之，本研究發現服務年資介於 5 年至未滿 15 年之
技術校院教師，對於「定期舉辦教學相關的研討會」之需求，
顯著高於未滿 5 年及 15 年以上服務年資的技術校院教師。

　　再次，從每週不同授課時數之技術校院教師對教學發展
活動的需求認知來看，授課時數達十六小時以上的技術校院
教師對於「成立校內專責單位，協助改善教學與學習」活動
之需求，顯著高於授課時數介於十至十四小時的教師。

　　最後，未兼任行政主管職務的技術校院教師對於「調查校內教師改善教學的需求」、「訂定獎勵教學優良教師的相關辦法」、「提供實質協助，鼓勵教師參加教學相關研習」等三項教學發展活動及其「整體」的期待落差，皆顯著高於兼任行政主管職務的教師，這可能是兼任行政主管的技術校院教師中，多數擔任之行政職務為教務或教學有關的行政主管，比較熟悉校內相關的法規或措施，因此對於教學發展活動的期待落差要比專任教師來得小。

　　至於教師的最高學歷與職級，其在教學發展活動各構面及整體的需求認知程度上則無顯著差異，顯示教師的學歷與職級高低，對於教學發展活動的需求影響並無不同。

第八節　技術校院教師教學發展「知能」之區別分析

　　為進一步瞭解不同背景變項技術校院教師對於各項教學發展知能的重要程度認知是否有所不同，以下另以區別分析探求各背景變項技術校院教師對六項教學發展知能所認知重要性（重要程度）、現況（符合程度）及需求程度之區別函數，藉以觀察其差異的主要趨勢。

壹、技術校院教師教學發展知能重要性認知差異之區別分析

　　根據區別分析的結果，技術校院教師對六個依變項（即六項教學發展知能構面）所認知的重要程度，分別在「學校層級」、「學校屬性」、「教師職級」及「服務年資」等四個背景變項抽取出達顯著水準的區別函數。茲將其區別分析結果列於表 4-8-1。

表 4-8-1　不同背景變項技術校院教師教學發展知能重要程度之區別分析

構面名稱		學校層級 區別函數 I	學校屬性 區別函數 I	教師職級 區別函數 I	服務年資 區別函數 I
負載係數	任教學科知識	.467 △	.111	.298	.173
	教育情境知識	.742 △	.670 △	.543 △	.079
	教學法知識	.295	.327 △	.080	-.224
	學生特性知識	.652 △	.733 △	.620 △	-.033
	教育目標與教育價值知識	.235	.476 △	.155	.396 △
	課程設計知識	.296	.298	.370 △	.464 △
區別函數之顯著性考驗	Wilk's Λ	.975**	.970**	.966*	.968*
	df	6	6	12	12
各組別在區別函數上之平均數	學校層級 技術學院	.072			
	科技大學	-.354			
	學校屬性 國立		-.294		
	私立		.104		
	教師職級 教授			-.053	
	副／助理教授			-.167	
	講師			.123	
	服務年資 未滿 5 年				-.146
	5 年-未滿 15 年				.145
	15 年以上				-.112

*p<.05　**p<.01　△：表示區別函數與構面分數的相關係數達到.30 以上，皆將其視為較重要之係數

　　在「學校層級」方面，技術學院、科技大學之教師對教學發展知能所認知的重要程度，只能抽取出一個具有 .01 顯著水準的區別函數，為瞭解此一區別函數所代表之意義，凡區別函數與教學發展知能構面重要程度的相關係數（即負載係數）達 .30 以上者，皆將其視為較重要的係數，依據此一標準，此一區別函數相關較高之教學發展知能構面有：「教育情境知識」（.742）、「學生特性知識」（.652）、「任教學科知識」（.467）等項；而在兩類技術校院教師中，在本區別函數上的分數愈高者，其對以上教學發展知識的重視程度亦愈高，由此可知，在本區別函數上，技術學院教師的

重要程度認知較高（.072），而科技大學教師的重要程度認知較低（-.354）。

　　其次，就「學校屬性」言之，國立技術校院、私立技術校院教師對教學發展知能所認知的重要程度，亦只能抽取出一個具有 .01 顯著水準的區別函數，由表 4-8-1 可以發現，此一區別函數相關較高之教學發展知能構面有：「學生特性知識」（.733）、「教育情境知識」（.670）、「教育目標與教育價值知識」（.476）及「教學法知識」（.327）等項。而在兩類技術校院教師中，以私立技術校院教師的重要程度認知較高（.104），而國立技術校院教師的重要程度認知較低（-.294）。

　　而在「教師職級」方面，三類職級之技術校院教師對教學發展知能所認知的重要程度，只能抽取出一個具有 .05 顯著水準的區別函數。由表 4-8-1 可知，此一區別函數相關較高之教學發展知能構面有：「學生特性知識」（.620）、「教育情境知識」（.543）、「課程設計知識」（.370）等項。三類技術校院教師中，區別函數平均數以講師最高（.123），其次為教授（-.053），以副／助理教授為最低（-.167），由此可知，在本區別函數上，三類教師中以講師職級與副／助理教授職級的認知差別最大，而教授職級則介於二者之間。質言之，上述與本區別函數相關較高之教學發展知能，其受各技術校院教師重視的程度，以講師職級的認知最高，副／助理教授的認知最低，而教授職級的認知則介於二者之間。

　　在「服務年資」方面，三組技術校院教師對教學發展知能所認知的重要程度，只能抽取出一個具有 .05 顯著水準的

區別函數。由表 4-8-1 可知，此一區別函數相關較高之教學發展知能構面有：「課程設計知識」（.464）、「教育目標與教育價值知識」（.396）兩項。另外在三類技術校院教師中，區別函數平均數以 5 年至未滿 15 年組為最高（.145），其次為 15 年以上組（-.112），以未滿 5 年組教師為最低（-.146）。由此可知，在本區別函數上，三類服務年資之教師中，以 5 年至未滿 15 年組與未滿 5 年組的認知差別最大，而年資在 15 年以上組則介於二者之間。質言之，上述與本區別函數相關較高之教學發展知能，其受各技術校院教師重視的程度，以 5 年至未滿 15 年組教師的認知最高，未滿 5 年組教師的認知最低，而 15 年以上組技術校院教師的認知則介於二者之間。

貳、技術校院教師教學發展知能現況認知差異之區別分析

根據區別分析的結果，技術校院教師對六個依變項（即六項教學發展知能構面）所認知的符合程度，分別在「教師性別」、「服務年資」、「每週授課時收」及「兼任職務」等四個背景變項，抽取出達顯著水準的區別函數。其中「服務年資」、「每週授課時數」及「兼任職務」等變項各抽取出一個具有 .05 顯著水準的區別函數，而「教師性別」變項之區別函數則達.01 顯著水準，茲將其區別分析結果列於表4-8-2。

在「教師性別」方面，男性技術校院教師與女性技術校院教師對教學發展知能所認知的符合程度，其區別函數相關較高之教學發展知能構面有：「任教學科知識」（.503）、「教育情境知識」（.497）、「教育目標與教育價值知識」（.408）等項，此外在本區別函數上亦可發現，男性技術校院教師的符合程度認知較高（.110），而女性技術校院教師的符合程度認知較低（-.239）。

在「服務年資」方面，三類技術校院教師對教學發展知能所認知的符合程度，其區別函數相關較高之教學發展知能構面有：「學生特性知識」（.506）、「課程設計知識」（.407）、「教育目標與教育價值知識」（.303）等項，另外，在三類技術校院教師中，區別函數平均數以 5 年至未滿 15 年組為最高（.128），其次為 15 年以上組（.058），以未滿 5 年組教師為最低（-.247），由此可知，在本區別函數上，三類服務年資之教師中以 5 年至未滿 15 年組與未滿 5 年組的認知差別最大，而年資在 15 年以上組則介於二者之間，亦即各技術校院教師對於教學發展知能的符合認知，以 5 年至未滿 15 年組教師的認知最高，未滿 5 年組教師的認知最低，而 15 年以上組技術校院教師的認知則介於二者之間。

表 4-8-2　不同背景變項技術校院教師教學發展知能符合程度之區別分析

構面名稱		教師性別	服務年資	授課時數	兼任職務
		區別函數 I	區別函數 I	區別函數 I	區別函數 I
負載係數	任教學科知識	.503 Δ	-.076	.190	.710 Δ
	教育情境知識	.497 Δ	.219	.371 Δ	.781 Δ
	教學法知識	-.120	-.181	-.345	.467 Δ
	學生特性知識	-.018	.506 Δ	-.301	.419 Λ
	教育目標與教育價值知識	.408 Δ	.303 Δ	.188	.693 Δ
	課程設計知識	.286	.407 Δ	-.003	.816 Δ
區別函數之顯著性考驗	Wilk's Λ	.974**	.963*	.967*	.977*
	df	6	12	12	6
各組別在區別函數上之平均數	教師性別 男性	.110			
	女性	-.239			
	服務年資 未滿5年		-.247		
	5年-未滿15年		.128		
	15年以上		.058		
	授課時數 9小時以下			.418	
	10小時-15小時			-.056	
	16小時以上			-.089	
	兼任職務 未兼行政主管				-.088
	兼行政主管				.261

*p<.05　**p<.01　Δ：表示區別函數與構面分數的相關係數達到.30 以上，皆將其視為較重要之係數

　　在「授課時數」方面，三類技術校院教師對教學發展知能所認知的符合程度，其區別函數相關較高之教學發展知能構面只有「教育情境知識」（.371）一項，而區別函數平均數以9小時以下組為最高（.418），其次為10小時至15小時組（-.056），以16小時以上授課時數之教師為最低（-.089）。是故在本區別函數上，三類授課時數之教師中，以9小時以下組與16小時以上組的認知差別最大，而10小時至15小時組則介於二者之間，換句話說，各技術校院教

師對於教學發展知能的符合認知，以 9 小時以下組教師的認知最高，16 小時以上組教師的認知最低，而 10 小時至 15 小時組技術校院教師的認知則介於二者之間。

在「兼任職務」方面，兩組技術校院教師對教學發展知能所認知的符合程度，其區別函數與教學發展知能各構面皆有高度之相關，其中較高的前四項分別為：「課程設計知識」（.816）、「教育情境知識」（.781）、「任教學科知識」（.710）與「教育目標與教育價值知識」（.693）等項，此外在本區別函數上亦可發現，兼任行政主管職務之技術校院教師的符合程度認知較高（.261），而未兼任行政主管職務的技術校院教師之符合程度認知較低（-.088）。

參、技術校院教師教學發展知能「需求程度」認知差異之區別分析

根據區別分析的結果，技術校院教師對六個依變項（即六項教學發展知能構面）所認知的需求程度，分別在「學校層級」、「教師性別」、「授課時數」及「兼任職務」等四個背景變項抽取出達顯著水準的區別函數。其中，「學校層級」、「每週授課時數」二個變項可抽取出一個具有 .05 顯著水準的區別函數，而「教師性別」與「兼任職務」變項之區別函數則達.01 顯著水準。茲將其區別分析結果列於表 4-8-3。

表 4-8-3 不同背景變項技術校院教師教學發展知能需求程度之區別分析

構面名稱		學校層級	教師性別	授課時數	兼任職務
		區別函數 I	區別函數 I	區別函數 I	區別函數 I
負載係數	任教學科知識	.445 △	.496 △	.181	.306 △
	教育情境知識	.902 △	.851 △	.626 △	.723 △
	教學法知識	.458 △	.254	-.274	.296
	學生特性知識	.544 △	.437 △	-.085	.380 △
	教育目標與教育價值知識	.381 △	.650 △	.078	.644 △
	課程設計知識	.597 △	.619 △	.147	.769 △
區別函數之顯著性考驗	Wilk's Λ	.980*	.964**	.960*	.970**
	df	6	6	12	6
各組別在區別函數上之平均數	學校層級 技術學院	.065			
	學校層級 科技大學	-.315			
	教師性別 男性		-.130		
	教師性別 女性		.284		
	授課時數 9 小時以下			-.486	
	授課時數 10 小時-15 小時			.065	
	授課時數 16 小時以上			.115	
	兼任職務 未兼行政主管				.103
	兼任職務 兼行政主管				-.300

*p<.05 **p<.01 △：表示區別函數與構面分數的相關係數達到.30 以上，皆將其視為較重要之係數

　　在「學校層級」方面，技術校院教師與科技大學教師對教學發展知能需求程度的認知，其區別函數與教學發展知能各構面皆有高度之相關，其中較高的前四項分別為：「教育情境知識」（.902）、「課程設計知識」（.597）、「學生特性知識」（.544）與「教學法知識」（.458）等項，此外在本區別函數上亦可發現，技術學院教師的需求程度認知較高（.065），而科技大學教師之需求程度認知較低（-.315）。

　　在「教師性別」方面，男性技術校院教師與女性技術校院教師對教學發展知能所認知的需求程度中，其區別函數相關較高之教學發展知能構面有：「任教學科知識」（.503）、

「教育情境知識」（.497）、「教育目標與教育價值知識」
（.408）等項，此外在本區別函數上亦可發現，男性技術校
院教師的需求程度認知較高（.110），而女性技術校院教師
的需求程度認知較低（-.239）。

　　另外在「授課時數」方面，三類技術校院教師對教學發
展知能所認知的需求程度，其區別函數相關較高之教學發展
知能構面只有「教育情境知識」（.626）一項，而區別函數
平均數以 16 小時以上組為最高（.115），其次為 10 小時至
15 小時組（.065），以 9 小時以下授課時數之教師為最低
（-.486），是故在本區別函數上，三類授課時數之教師中以
16 小時以上組與 9 小時以下組的認知差別最大，而 10 小時
至 15 小時組則介於二者之間，換句話說，各技術校院教師
對於教學發展知能的需求程度認知，以 16 小時以上組教師
的認知最高，9 小時以下組教師的認知最低，而 10 小時至
15 小時組技術校院教師的認知則介於二者之間。

　　在「兼任職務」方面，兩組技術校院教師對教學發展知
能需求程度的評估，其區別函數與「教學法知識」構面以外
之各教學發展知能構面皆有高度之相關，依序分別為：「課
程設計知識」（.769）、「教育情境知識」（.723）、「教
育目標與教育價值知識」（.644）、「學生特性知識」（.380）
及「任教學科知識」（.306），此外本區別函數上亦顯示，
未兼任行政主管職務之技術校院教師所認知的需求程度較
高（.103），而兼任行政主管職務的技術校院教師之需求程
度認知則較低（-.300）。

第九節　技術校院教師教學發展「活動」之 區別分析

　　為進一步瞭解不同背景變項技術校院教師對於各項教學發展活動的程度認知是否有所不同，以下另以區別分析探求各背景變項技術校院教師對七項教學發展活動所評之重要性（重要程度）、現況（符合程度）及需求程度的區別函數，藉以觀察其差異的主要趨勢。

壹、技術校院教師教學發展活動重要性認知差異之 區別分析

　　根據區別分析的結果，技術校院教師對七個依變項（即七項教學發展活動）所認知的重要程度，分別在「學校屬性」、「教師學歷」、「教師職級」及「服務年資」等四個背景變項抽取出達顯著水準的區別函數，茲將其區別分析結果列於表 4-9-1。

表 4-9-1　不同背景變項技術校院教師教學發展活動重要程度之區別分析

活動名稱		學校屬性	教師學歷	教師職級	服務年資
		區別函數 I	區別函數 I	區別函數 I	區別函數 I
負載係數	定期舉辦教學相關的研討會	.183	.580 △	.286	-.241
	定期出版有助於教學的刊物或手冊	.119	.953 △	.719 △	-.348 △
	成立校內專責單位，改善教學與學習	.047	.563 △	.468 △	-.244
	調查校內教師改善教學的需求	.244	.367 △	.503 △	.228
	訂定獎勵教學優良教師的相關辦法	.782 △	.552 △	.686 △	.194
	提供實質協助教師參加教學相關研習	.721 △	.508 △	.790 △	.367 △
	定期對學生進行教師教學意見調查	.505 △	.318 △	.244	.519 △
區別函數之顯著性考驗	Wilk's Λ	.949**	.954**	.961**	.968*
	df	7	7	14	14
各組別在區別函數上之平均數	學校屬性　國立	-.388			
	私立	.139			
	教師學歷　博士		-.282		
	碩士（含）以下		.171		
	教師職級　教授			-.619	
	副／助理教授			-.102	
	講師			.123	
	服務年資　未滿 5 年				.182
	5 年-未滿 15 年				.016
	15 年以上				-.285

*p<.05　**p<.01　△：表示區別函數與活動分數的相關係數達到.30 以上，皆將其視為較重要之係數

　　在「學校屬性」方面，國立技術校院與私立技術校院教師對教學發展活動所認知的重要程度，只能抽取出一個具有 .01 顯著水準的區別函數，為瞭解此一區別函數所代表之意義，凡區別函數與教學發展活動重要程度的相關係數（即負載係數）達 .30 以上者，皆將其視為較重要的係數，依據此一標準，此一區別函數相關較高之教學發展活動有：「訂定獎勵教學優良教師的相關辦法」（.782）、「提供實質協

助教師參加教學相關研習」（.721）、「定期對學生進行教師教學意見調查」（.505）等項，而在兩類技術校院教師中，在本區別函數上的分數愈高者，其對以上教學發展活動的重視程度亦愈高，由此可知在本區別函數上，私立技術校院教師的重要程度認知較高（.139），而國立技術校院教師的重要程度認知較低（-.388）。

其次，就「教師學歷」言之，博士學位技術校院教師、碩士（含）以下學位技術校院教師對教學發展活動所認知的重要程度，亦只能抽取出一個具有 .01 顯著水準的區別函數，然由表 4-9-1 可以發現，此區別函數與教學發展各項活動皆有高度之相關，而相關較高之前幾項教學發展活動有：「定期出版有助於教學的刊物或手冊」（.953）、「定期舉辦教學相關的研討會」（.580）、「成立校內專責單位，改善教學與學習」（.563）及「訂定獎勵教學優良教師的相關辦法」（.552）等項，而在兩類技術校院教師中，以碩士（含）以下學位之技術校院教師的重要程度認知較高（.171），而博士學位技術校院教師的重要程度認知較低（-.282）。

而在「教師職級」方面，三類職級之技術校院教師對教學發展活動所認知的重要程度，只能抽取出一個具有 .01 顯著水準的區別函數，由表 4-9-1 可知，此一區別函數相關較高之教學發展活動有：「提供實質協助教師參加教學相關研習」（.790）、「定期出版有助於教學的刊物或手冊」（.719）、「訂定獎勵教學優良教師的相關辦法」（.686）、「調查校內教師改善教學的需求」（.503）、「成立校內專責單位，改善教學與學習」（.468）等項，三類技術校院教師中，區

別函數平均數以講師最高（.123），其次為副／助理教授（-.102），以教授為最低（-.619），由此可知在本區別函數上，三類教師中以講師職級與教授職級的認知差別最大，而副／助理教授職級則介於二者之間，質言之，上述與本區別函數相關較高之教學發展活動，其受各技術校院教師重視的程度，以講師職級的認知最高，教授職級的認知最低，而副／助理教授職級的認知則介於二者之間。

　　在「服務年資」方面，三組技術校院教師對教學發展活動所認知的重要程度，只能抽取出一個具有 .05 顯著水準的區別函數，由表 4-9-1 可知，此一區別函數相關較高之教學發展活動有：「定期對學生進行教師教學意見調查」(.519)、「提供實質協助教師參加教學相關研習」（.367）、「定期出版有助於教學的刊物或手冊」（-.348）三項，另外在三類技術校院教師中，區別函數平均數以未滿 5 年組為最高（.182），其次為 5 年至未滿 15 年組（.016），以 15 年以上組教師為最低（-.285），由此可知在本區別函數上，三類服務年資之教師中以未滿 5 年組與 15 年以上組的認知差別最大，而年資在 5 年至未滿 15 年組則介於二者之間，換句話說，上述與本區別函數相關較高之教學發展活動，其受各技術校院教師重視的程度，以未滿 5 年組教師的認知最高，15 年以上組教師的認知最低，而年資在 5 年至未滿 15 年組之技術校院教師的重要程度認知則介於二者之間。

貳、技術校院教師教學發展活動現況認知差異之區別分析

根據區別分析的結果,技術校院教師對七個依變項(即七項教學發展活動)所認知的符合程度,分別在「學校層級」、「學校屬性」、「教師性別」及「服務年資」等四個背景變項抽取出達顯著水準的區別函數,茲將其區別分析結果列於表 4-9-2。

表 4-9-2 不同背景變項技術校院教師教學發展活動現況認知差異之區別分析

活動名稱		學校層級 區別函數 I	學校屬性 區別函數 I	教師性別 區別函數 I	服務年資 區別函數 I	服務年資 區別函數 II
負載係數	定期舉辦教學相關的研討會	.086	.554 △	.555 △	.112	.709 △
	定期出版有助於教學的刊物或手冊	.262	.316 △	.453 △	.548 △	.370 △
	成立校內專責單位,改善教學與學習	.271	.349 △	.744 △	.373 △	.058
	調查校內教師改善教學的需求	.073	.303 △	.548 △	.079	.284
	訂定獎勵教學優良教師的相關辦法	.083	.768 △	.835 △	-.346 △	.057
	提供實質協助教師參加教學相關研習	.710 △	.821 △	.754 △	-.032	-.217
	定期對學生進行教師教學意見調查	-.155	.290	.260	-.337 △	.164
區別函數之顯著性考驗	Wilk's Λ	.957**	.917**	.970**	.957**	.982*
	df	7	7	7	14	6
各組別在區別函數上之平均數	學校層級 技術學院	.095				
	學校層級 科技大學	-.466				
	學校屬性 國立		-.495			
	學校屬性 私立		.182			
	教師性別 男性			.120		
	教師性別 女性			-.259		
	服務年資 未滿 5 年				-.206	.109
	服務年資 5 年-未滿 15 年				.019	-.144
	服務年資 15 年以上				.239	.150

*p<.05　**p<.01　△:表示區別函數與活動分數的相關係數達到.30 以上,皆將其視為較重要之係數

在「學校層級」方面，技術學院、科技大學之教師對教學發展活動所認知的符合程度，只能抽取出一個具有 .01 顯著水準的區別函數，為瞭解此一區別函數所代表之意義，凡區別函數與教學發展活動符合程度的相關係數（即負載係數）達 .30 以上者，皆將其視為較重要的係數，依據此一標準，此一區別函數相關較高之教學發展活動只有「提供實質協助教師參加教學相關研習」（.710）一項，而在兩類技術校院教師中，在本區別函數上的分數愈高者，其對上述教學發展活動的重視程度亦愈高，由此可知在本區別函數上，技術學院教師的符合程度認知較高（.095），而科技大學教師的符合程度認知較低（-.466）。

在「學校屬性」方面，國立技術校院與私立技術校院教師對教學發展活動所認知的符合程度，只能抽取出一個具有 .01 顯著水準的區別函數，由表 4-9-2 可以發現，此區別函數與「定期對學生進行教師教學意見調查」外之各項教學發展活動皆有高度之相關，而相關較高之前幾項教學發展活動有：「提供實質協助教師參加教學相關研習」（.821）、「訂定獎勵教學優良教師的相關辦法」（.768）、「定期舉辦教學相關的研討會」（.554）等項，另就本區別函數上分數而言，在兩類技術校院教師中，私立技術校院教師的符合程度認知較高（.182），而國立技術校院教師的符合程度認知較低（-.495）。

而在「教師性別」方面，男性技術校院教師與女性技術校院教師對教學發展活動所認知的符合程度，只能抽取出一個具有 .01 顯著水準的區別函數，由表 4-9-2 可發現，此區

別函數亦與「定期對學生進行教師教學意見調查」外之各項教學發展活動皆有高度之相關，而相關較高之前幾項教學發展活動則分別有：「訂定獎勵教學優良教師的相關辦法」（.835）、「提供實質協助教師參加教學相關研習」（.754）、「成立校內專責單位，改善教學與學習」（.744）、「定期舉辦教學相關的研討會」（.555）、「調查校內教師改善教學的需求」（.548）、「定期出版有助於教學的刊物或手冊」（.453）等項，另就本區別函數上分數而言，在兩類技術校院教師中，男性技術校院教師的符合程度認知較高（.120），而女性技術校院教師的符合程度認知較低（-.259）。

在「服務年資」方面，三組技術校院教師對教學發展活動所認知的符合程度，只能抽取出二個區別函數，分別具有 .01 及 .05 的顯著水準，由表 4-9-2 可知，與第一個區別函數相關較高之教學發展活動有：「定期出版有助於教學的刊物或手冊」（.548）、「成立校內專責單位，改善教學與學習」（.373）、「訂定獎勵教學優良教師的相關辦法」（-.346）、「定期對學生進行教師教學意見調查」（-.337）四項，可見第一區別函數與以上四項教學發展活動特別有關，三類人員中，第一區別函數的平均數以 15 年以上組教師為最高（.239），其次為 5 年至未滿 15 年組（.019），未滿 5 年組為最低（-.206）。由此可知，在本區別函數上，三類人員中以 15 年以上組與未滿 5 年組的認知差別最大，5 年至未滿 15 年組則介於兩者之間，質言之，上述與本區別函數相關較高之教學發展活動，其目前在各技術校院之辦理情形，以 15 年以上組教師的評估最高，未滿 5 年組教師

的評估最低，而 5 年至未滿 15 年組教師的評估則介於二者之間。

　　其次就第二區別函數言之，與第二個區別函數相關較高之教學發展活動有：「定期舉辦教學相關的研討會」（.709）、「定期出版有助於教學的刊物或手冊」（.370）二項，可見第二區別函數與上述兩項教學發展活動特別有關。三類人員中，第二區別函數的平均數以 15 年以上組教師為最高（.150），其次為未滿 5 年組（.109），而 5 年至未滿 15 年組為最低（-.144），由此可知在本區別函數上，三類人員中以 15 年以上組與 5 年至未滿 15 年組的認知差別最大，未滿 5 年組則介於兩者之間，質言之，上述與本區別函數相關較高之教學發展活動，其目前在各技術校院之辦理情形，以 15 年以上組教師的評估最高，5 年至未滿 15 年組教師的評估最低，而未滿 5 年組教師的評估則介於二者之間。

參、技術校院教師教學發展活動「需求程度」認知差異之區別分析

　　根據區別分析的結果，技術校院教師對七個依變項（即七項教學發展活動）所認知的需求程度，分別在「學校層級」、「學校屬性」、「教師性別」及「兼任職務」等四個背景變項抽取出達顯著水準的區別函數，茲將其區別分析結果列於表 4-9-3。

表 4-9-3　不同背景變項技術校院教師教學發展活動需求程度之區別分析

活動名稱		學校層級 區別函數 I	學校屬性 區別函數 I	教師性別 區別函數 I	兼任職務 區別函數 I
負載係數	定期舉辦教學相關的研討會	.323 △	.642 △	.765 △	-.141
	定期出版有助於教學的刊物或手冊	.206	.384 △	.697 △	.240
	成立校內專責單位，改善教學與學習	.165	.433 △	.843 △	.286
	調查校內教師改善教學的需求	.268	.181	.618 △	.480 △
	訂定獎勵教學優良教師的相關辦法	.269	.420 △	.656 △	.499 △
	提供實質協助教師參加教學相關研習	-.458 △	.665 △	.621 △	.861 △
	定期對學生進行教師教學意見調查	.519 △	-.141	.236	.255
區別函數之顯著性考驗	Wilk's Λ	.968**	.972**	.955**	.979*
	df	7	7	7	7
各組別在區別函數上之平均數	學校層級　技術學院	.081			
	科技大學	-.401			
	學校屬性　國立		.282		
	私立		-.103		
	教師性別　男性			-.148	
	女性			.321	
	兼任職務　未兼行政主管				.083
	兼行政主管				-.252

*p<.05　**p<.01　△：表示區別函數與活動分數的相關係數達到.30 以上，皆將其視為較重要之係數

在「學校層級」方面，技術學院、科技大學之教師對教學發展活動所認知的需求程度，只能抽取出一個具有 .01 顯著水準的區別函數，為瞭解此一區別函數所代表之意義，凡區別函數與教學發展活動需求程度的相關係數（即負載係數）達 .30 以上者，皆將其視為較重要的係數，依據此一標準，此一區別函數相關較高之教學發展活動分別有「定期對

學生進行教師教學意見調查」（.519）、「提供實質協助教師參加教學相關研習」（-.458）、「定期舉辦教學相關的研討會」（.323）等三項，而在兩類技術校院教師中，在本區別函數上的分數愈高者，其對上述教學發展活動的重視程度亦愈高，由此可知在本區別函數上，技術學院教師的需求程度認知較高（.081），而科技大學教師的需求程度認知較低（-.401）。

在「學校屬性」方面，國立技術校院與私立技術校院教師對教學發展活動所認知的需求程度，只能抽取出一個具有 .01 顯著水準的區別函數，由表 4-9-3 可以發現，相關較高之教學發展活動有：「提供實質協助教師參加教學相關研習」（.665）、「定期舉辦教學相關的研討會」（.642）、「成立校內專責單位，改善教學與學習」（.433）、「訂定獎勵教學優良教師的相關辦法」（.420）、「定期出版有助於教學的刊物或手冊」（.384）等項，另就本區別函數上分數而言，在兩類技術校院教師中，國立技術校院教師的需求程度認知較高（.282），而私立技術校院教師的需求程度認知較低（-.103）。

而在「教師性別」方面，男性技術校院教師與女性技術校院教師對教學發展活動所認知的需求程度，只能抽取出一個具有 .01 顯著水準的區別函數，由表 4-9-3 可發現，此區別函數亦與「定期對學生進行教師教學意見調查」外之各項教學發展活動皆有高度之相關，而相關較高之前幾項教學發展活動則分別有：「成立校內專責單位，改善教學與學習」（.843）、「定期舉辦教學相關的研討會」（.765）、「定

期出版有助於教學的刊物或手冊」（.697）、「訂定獎勵教學優良教師的相關辦法」（.656）、「提供實質協助教師參加教學相關研習」（.621）、「調查校內教師改善教學的需求」（.618）等項，另就本區別函數上分數而言，在兩類技術校院教師中，女性技術校院教師的需求程度認知較高（.321），而男性技術校院教師的需求程度認知較低（-.148）。

在「兼任職務」方面，二組技術校院教師對教學發展活動所認知的需求程度，只能抽取出一個具有.05 顯著水準的區別函數，由表 4-9-3 可知，與此區別函數相關較高之教學發展活動有：「提供實質協助教師參加教學相關研習」（.861）、「訂定獎勵教學優良教師的相關辦法」（.499）、「調查校內教師改善教學的需求」（.480）等三項。二類人員中，區別函數之平均數以未兼任行政主管職務的教師較高（.083），而兼任行政主管職務的教師則較低（-.252）。由此可知，未兼任行政主管職務之技術校院教師所認知的需求程度高於兼任行政主管職務之教師的認知。

第五章　摘要、結論與相關意義

　　本章共分五節，第一節陳述本研究的動機與目的，第二節描述本研究架構，第三節簡述本研究的資料蒐集方式，第四節為本研究的結論與隱含意義，最後則是提出對後續研究的若干建議。

第一節　樣本描述

　　由於高職學生來源日漸減少，加上許多新設或是升格轉型的技術學院或科技大學（本研究簡稱為「技術校院」），國內高等技職教育體系的招生壓力日趨嚴重，面對高等技職教育學生人數與學制的激烈變動，首當其衝的是在第一線執行教學任務的技術校院教師了。技術校院教師未來必須面臨的不僅只是授課課程將由專校課程轉換為四技、二技與在職班的複雜學制課程，多元的學生來源也將是技術校院教師重要的挑戰。僅就技術校院大學部的學制而言就有四技、二技、二技在職班，這些學制的學生來源可能包含高職畢業生、綜合高中職業學程畢業生、乃至一般高中及綜合高中非職業學程的畢業生（非應屆畢業者皆可報考四技技術校院）。我們的技術校院教師是否已經準備好面對如此複雜的

學制課程、激烈的高職課程變動、與多元學生背景的挑戰？各技術校院是否了解此一趨勢並提供所屬教師足夠的支援課程或活動？

特別是技術校院教師大多來自普通教育體系，對於技職體系的教育目標、教育價值、學生特性與學習型態等教育情境脈絡都比較陌生，各技術校院即使了解此一癥結，但又要如何提供適當課程協助教師發展其教學專業呢？有鑑於此，本文乃以國內各公私立科技大學及技術學院教師為研究對象，探討技術校院教師教學發展相關問題，本研究所稱「教學發展」係指所有可能增強或提升技術校院教師教學能力的相關知能，而其最終目的則是為了達成學校的辦學目標或提升辦學效能。

具體而言，本研究的研究目的如下：

（一）探討技術校院教師如何知覺教學發展知能的重要程度。

（二）探討技術校院教師如何知覺其教學發展知能之符合程度。

（三）探討技術校院教師對教學發展知能需求之類別與程度。

（四）探討技術校院教師如何知覺校內辦理的教學發展相關活動之重要程度。

（五）探討技術校院教師如何知覺校內辦理的教學發展相關活動符合程度。

（六）探討技術校院教師對校內教學發展相關活動需求之類別與程度。

第二節 研究架構

　　有鑒於技術校院教師由於背景不同,對於教師教學發展相關知能與活動可能有不同之認知,亦本於個人的價值觀念與心理需求而有不同的看法,因此本研究以技術校院教師對於教學發展知能與活動之「重要程度」與「現況符合程度」,來做為測量教師教學發展認知的依據,另有關教學發展需求的評估(needs assessment),為了避免填答者將「想要」(want)視為「需求」(need)之虞(Swanson & Gradous, 1986; Camp, Blanchard, & Huszczo, 1986),因此,問卷的設計並未直接問取填答者的「需求」,而是間接的尋求填答者對各教學發展知能的需求程度,主要乃將填答者對該題項「重要程度」與「個人目前符合程度」的認知差距視為該填答者的需求,前兩者的認知差距越小,則「需求程度」較小,表示教師現況認知頗能符應其對該題項的重要程度認知;反之則表示教師的現況認知與其重要程度認知有較大的落差存在,此種「需求程度」的資訊,可作為各技術校院行政當局訂定或修正其教師教學發展內涵的參考,亦可作為技術校院規劃教學發展課程的重要參考。研究架構圖可參考本論文第三章的圖3-1-1。

第三節　本研究的資料蒐集方式

　　本研究採用問卷調查方式蒐集所需資料，問卷的發展係以 Lee S. Shulman 在 1987 年發表的「教學知識之改革基礎」（Knowledge and Teaching: Foundations of the New Reform）中有關教師知識的分類基礎（Categories of the Teacher Knowledge Base）（p. 8）為主要架構，將技術校院教師教學發展的內涵分為任教學科知識、教學知識（含 general pedagogical knowledge 及 pedagogical content knowledge）、教育情境知識、學生特性知識、教育目的與教育價值知識、與課程知識等六大類，然後分就這六大類架構參酌相關文獻，並兩度邀請專家學者的協助進一步發展各架構下的細項。

　　初步發展完成的預試問卷，以四所技術校院（包含公、私立科技大學及公、私立技術學院各一所）為預試學校，委託各校一位教師負責協助施測，並請其以隨機方式抽取 35 位教師進行填答，預試問卷回收之有效樣本為 144 份，回收率為 81.43%，經進行信、效度考驗後修改為「技術校院教師教學知能發展調查問卷」（正式問卷），以做為資料蒐集的工具。

　　正式施測對象係依教育部（民 91）出版之「九十學年度公私立技職學校一覽表：科技大學、技術學院、專科學校」上所列之技術校院進行抽樣，當年度台灣地區共有技術校院 67 所，其中，科技大學 12 所、技術學院 55 所，剔除甫於

當年度改制之技術校院 5 所），共計研究母體為 62 所技術校院，然後依學校層級（科技大學、技術學院）及學校屬性（國立、私立）之比例，分層抽取大約 1/2 學校為受試樣本，合計共抽取 30 所技術校院，佔全部技術校院之 45％，其中包含國立科技大學 3 所、國立技術校院 5 所、私立科技大學 2 所、私立技術校院 20 所。

決定上述受試學校之後，由研究者親自電話請託被抽樣本學校之教務長、課務組長或相關職務代理人，說明此研究之重要性以及請求協助之項目後，利用郵寄方式將問卷寄至學校，由教務長、課務組長等協助施測，並委請各校協助人員以隨機方式，請各該校內專任教師 35 位填答問卷。問卷寄發約十天後，開始對回卷數量在 30 份以下及未回卷學校追蹤催卷。問卷於九十一年四月中旬寄發，於五月上旬截止收卷，共計發出問卷 1,050 份，回收後有效問卷 770 份，有效問卷回收率為 73.3％。

本研究問卷調查所得資料係以 SPSS 電腦套裝軟體處理，所採用的統計方法包括：次數分配、獨立樣本 t 檢定、相依樣本 t 檢定、單因子多變項變異數分析與區別分析（Discriminant Analysis）。針對量表修訂所使用的資料分析方式包含積差相關分析、探索性因素分析、信度分析、與驗證性因素分析等統計技術。

第四節　本研究的結論與隱含意義

經過本研究之施測、資料分析及討論之後，本節即針對本研究之各項分析結果，提出各項結論及隱含意義。

壹、技術校院教師認知的教學專業發展領域，其重要性依序為「任教學科知能」、「教學法知能」、「教育目標與教育價值知能」、「學生特性知能」、「課程知能」、與「教育情境知能」。

技術校院教師對於本研究所發展的六個教學專業發展知能領域重要性認知平均值介於 3.42~3.66 之間（問卷選項最大值 4、最小值 1），接近「非常重要」的認知程度。其中又以「任教學科知能」、「教學法知能」、「教育目標與教育價值知能」等三領域最受重視，「學生特性知能」、「課程知能」、與「教育情境知能」等三領域次之。由此可看出，技術校院教師與其他學制一般教師的看法類似，較為重視學科知識與教學法相關知能，而對於教育情境、學生特性、技職課程等知能其受重視程度就稍遜一籌。這種情形不免讓人憂心這群多數來自非技職教育體系的技術校院教師，在教學歷程中是否能夠完全掌握包含學生學習特性或學習型態，乃至技職體系課程的脈絡等訊息。技術校院如果疏於對治此一問題，恐有減損教學成效之虞。

貳、就「任教學科知能」領域而言，技術校院教師認為比較重要的主題是能夠精通任教科目之專業知識與瞭解任教科系相關行（職）業的未來發展。

就任教學科知能而言，技術校院教師最重視的兩項主題是「能夠精通任教科目之專業知識」與「能夠瞭解任教科系相關行（職）業的未來發展」，至於是否「具備任教領域相關業界的實務經驗」與是否「瞭解任教領域相關職場的工作倫理」等兩個主題，則相對的比較其次。這個研究發現其實與技術校院教師的實務經驗背景有關，長久以來不管是主管技術校院的教育行政機關或是業界，無不期待技術校院教師能夠增強本身的業界實務經驗，俾能培養出具備實務能力的學生，但事實上技術校院教師的實務背景一直未能達到預期的目標，因此也就很難期待教師們會格外重視是否具備任教領域相關業界的實務經驗，以及是否了解相關職場的工作倫理，反而是與普通體系或是中小學教師一樣，特別重視任教學科專業知識的精通。因此從本研究呈現的技術校院教師重視的教學發展主題優先順序看來，技術校院如果仍堅持實務導向的教學目標的話，那麼除了加強遴聘具備實務經驗的教師外，如何促使技術校院教師更加重視實務知能應該是當務之急。

參、就「教學法知能」而言，技術校院教師認為比較重要的主題內涵，在於教師是否能夠有系統、條理分明的呈現教學內容，同時也應該給予學生充份的思考與表達機會，並與學生建立良好的互動關係。

技術校院教師所認知的教學法知能重要主題，包含是否能夠有系統地呈現教學內容、是否能夠條理分明的表達自己的想法、是否能夠給予學生充分思考與表達的機會、以及是否能夠與學生建立良好的互動關係等項，另外教師們能否熱愛目前的教學工作、是否能夠親切誠懇的回答學生問題、是否能夠適時給予學生鼓勵與指導等，也是技術校院教師認為比較重要的教學法知能內涵。

肆、就「教育目標與教育價值知能」領域而言，技術校院教師比較重視是否能夠啟發學生的學習興趣，以及是否能夠增強學生分析、綜合、邏輯的能力。

技術校院教師認為比較重要的教育價值，在於是否「能夠啟發學生的學習興趣」與是否能夠增強學生分析、綜合、邏輯的能力，其次是認為教學應能增進學生創意思考與問題解決能力，相對而言，技術校院教師比較不認為「瞭解任教學校的特色與教育目標」與前者具有同等的重要性。過去技職教育體系畢業生在就業市場上的表現，勤奮有餘但分析、創意思考與問題解決能力則是明顯不足，技術校院教師能夠知覺到這些能力的重要性，對於培育有競爭力的學生而言，具有正面的意義。

伍、就「學生特性知能」領域而言，能夠瞭解技術校院學生的學習特性、以及學生學科能力程度的個別差異，是技術校院教師認為比較重要的。

就本領域而言，技術校院教師們認為比較重要的是能夠瞭解學生的學習特性與學科能力的差異性，最好也有能力依循學生特性而採取適當的評量方式，至於是否能夠配合學生的興趣與需求，其重要性則是相對較弱些。

陸、就「課程知能」而言，技術校院教師比較認同「能夠瞭解任教科系整體的課程架構」與「能夠瞭解任教領域課程之間的銜接與聯繫」，其餘則相對比較其次。

技術校院教師認為最重要的是要能夠瞭解任教科系整體的課程架構與任教領域課程之間的銜接與聯繫等主題，至於是否能夠瞭解課程與教育目標之間的關係，與是否具備任教領域課程設計相關概念的重要性，則是相對的比較其次。一般而言除非是教務主管，多數教師對於課程的注意力將僅止於任教領域課程，不過如果能進一步促使教師也能充分了解教育目標與整體課程之間的關係的話，應能有助於教師發展教材或教學過程中，更能一致的趨向技職學校實務導向的教育目標。

柒、就「教育情境知能」領域而言，則以是否「能夠瞭解相關產業的概況與未來發展趨勢」最為技術校院教師所重視。

　　技術校院教師最重視此一領域中有關產業的概況與未來發展趨勢之知能，相對而言，教師們比較不重視是否能夠瞭解技職教育的發展趨勢、技職教育和社會、經濟等之間的互動關係，也比較不認為能夠瞭解在教學可運用的社區資源此一項目有多重要。技術校院教師能夠重視相關產業概況與未來發展的了解已然難得，但是技職教育體系除了與產業界有密切關係外，影響技職教育發展的往往是社會、經濟等整體的大環境因素，因此如果技術校院教師能夠進一步多了解技職教育和社會之間的互動關係的話，應能有助於提升教師對於所從事工作的價值評斷。

捌、技術校院教師普遍對於自己的「教學法知能」、「任教學科知能」與「課程知能」等領域知能最有信心，認為自己具備這些領域知能。

　　就教學專業發展六個領域所應具備的知能而言，技術校院教師對自己是否擁有這些知能的信心，依序為教學法知能、任教學科知能、課程知能、學生特性知能、教育目標與教育價值知能、及教育情境知能。這個結果顯示，多數從「學術（普通）教育體系」出身的技術校院教師，一旦投身於「技職教育體系」，雖然對於自己的教學方法、任教學科與課程設計等知能信心滿滿，但是對於技職體系的教育情境、教育

價值、乃至對於技職體系學生的學習特性等方面的瞭解顯然
比較不足。未來各技術校院若能透過各種管道，協助教師了
解技術校院的相關情境知識的話，對於提升教師的教學熱誠
與教學效能應能有所助益。

玖、技術校院教師發展教學專業知能最需要加強的領域，應屬教育目標與教育價值知識及教育情境知能，其次為任教學科知能與學生特性知能。

　　根據技術校院教師對各領域教學發展專業知能重要性
認知，與其個人符合程度的落差而言，六個領域的落差觀察
值均有顯著的差異，其中教師們最需要加強的應屬「教育目
標與教育價值知識」及「教育情境知能」，其次為「任教學
科知能」與「學生特性知能」，最後才是「課程知能」與「教
學法知能」。從這裡再度印證，技術校院教師對於技職教育
體系具某一程度的陌生，因此加強教師們有關此一體系的情
境、目標與價值、學習者特質等知能，顯然是有必要的。教
學法知能則是目前技術校院教師落差最小的領域，換言之，
如果要選擇進修類別的話，大部分的技術校院教師可能最不
會選擇「教學法知能」領域，來提升自己的教學專業水準，
未來不管是教育主管機關辦理的研習會，或是學校自辦的教
學研習主題，都宜了解教師們對於各教學知能的重要性與個
人符合程度的落差，針對這些落差較大的主題範疇，採取多
元的活動方式協助彌平教師在這部分知能的落差。

壹拾、技術校院教師對於教學發展知能重要性的認知，因個人背景不同而有顯著的差異。

　　大體而言，技術校院教師對於教學發展知能的重要性認知與個人的背景變項有關。技術學院教師、私立學校教師、與女性教師對於教學發展的重要性認知，顯著高於科技大學教師、國立大學教師、與男性教師，本研究另以區別分析驗證不同背景變項對於教學發展知能重要性認知的差異影響，也得到類似的結果。區別分析顯示技術學院教師、私立學校教師、講師、與服務年資介於 5~15 年間的教師，在某些教學知能領域重要性的認知程度，要高於科技大學教師、國立學校教師、教授／副教授、與初任教師或服務滿 15 年以上教師。

壹拾壹、技術校院教師對於教學發展知能符合現況程度的認知，大多不因個人背景不同而有差異，僅在是否「兼任主管職務」背景有所差異。

　　大多數的技術校院教師個人背景，並不影響其對教學發展知能符合現況程度的認知，僅有兼任主管職務的教師對符合現況程度的認知，高於未兼任主管職務的教師。另外性別背景變項雖未整體的影響教師個人符合現況程度的認知，但是女性教師在教學發展知能六個領域的平均數，都一致性的低於男性教師，且在任教學科知能、教育情境知能與教育目標與教育價值知能等三個領域符合現況程度的認知，均顯著

低於男性教師，此一發現顯示，女性教師對於掌握任教學科知識與技職體系的情境知能的程度，顯著的要比男性教師來得低。另以區別分析驗證亦顯示兼任主管的技術校院教師符合現況程度的認知，高於未兼任主管教師。另外區別分析結果也顯示，男性教師、服務年資介於 5~15 年教師、與授課時數少於 9 小時教師，在某些教學發展領域認為自己符合現況程度的認知，顯著高於女性教師、初任教師或服務年資15 年以上教師、與授課時數 10 小時以上教師。

壹拾貳、對於能夠促進教學專業發展的活動類型而言，技術校院教師認為最重要的是任教學校能夠提供實質的協助，鼓勵教師參加教學研習，或是獎勵教學優良教師；其次，教師的個人背景也顯著的影響教學發展活動類型重要性的認知。

　　技術校院教師認為最重要的前三種教學發展活動類型，依序為學校能夠「提供實質協助，鼓勵教師參加教學相關研習」、「訂定獎勵教學優良教師的相關辦法」與「調查校內教師改善教學的需求」，不過教師個人背景變項也影響對這三類活動的看法，一般而言技術學院教師、私立學校教師、具碩士學位以下教師、與講師層級的教師們，對於這三類型教學發展活動的重要性認知，要比科技大學教師、公立學校教師、具博士學位教師、與教授層級教師的認知來得高。

**壹拾參、各技術校院教師認為任教學校定期進行教學意見
調查、提供實質協助鼓勵教師參加教學研習，或獎
勵教學優良教師等活動類型，最符合現況，學校屬
性、教師性別與教師職級等背景變項影響教師對部
分活動符合學校現況的認知程度。**

技術校院教師認為符合任教學校現況的教學發展活動
類型前三項，依序為定期對學生進行教師教學意見調查、提
供實質協助鼓勵教師參加教學研習、與訂定獎勵教學優良教
師相關辦法。這三類活動中，第一項教學發展活動的符合現
況程度，並不因教師的背景差異而有任何不同，其餘兩項教
學發展活動的符合程度，則以私立學校教師、男性教師、與
講師級教師，比公立學校教師、女性教師、與教授級教師的
符合現況程度認知要來得高。

**壹拾肆、目前技術校院教師需求最為殷切的兩項教學發展
活動類型為調查校內教師改善教學的需求，以及成
立校內專責單位協助改善教學。不同教師性別與是
否兼任主管職務等背景變項不同的教師，對此兩項
需求有不同的看法。**

就目前技術校院教師認為重要的教學發展活動類型，與
校內是否辦理教學發展活動的落差加以檢視發現，技術校院
應該積極進行瞭解校內教師改善教學的需求，與成立校內專
責單位，以協助改善教師的教學與學生的學習，女性教師與

未兼行政職務的教師對於此兩項教學發展活動的需求程度，要比男性教師及兼任主管職務教師的需求程度高。

中英文參考書目

Alfano, K. (1993). Eric review: Recent strategies for faculty and staff development. Community College Review, 21(1), 68-75.

Anderson, V. K. (1992). An instructional development project on the use of computer-assisted instruction for vocabulary in the college reading class. In UMI ProQuest Digital Dissertations--Full Citation & Abstract, AAT 9218675.

Bartok, F. F. (1980). Assessment of professional development needs of community college part-time faculty. In UMI ProQuest Digital Dissertations—Full Citation & Abstract, AAT 9218675.

Bennett, C. (1991). Staff development in light of Maslow's theory. Journal of Staff Development, 12(4), 10-14.

Bergquist, W. H. & Phillips, S. R. (1975). A handbook for faculty development. Washington, DC: The Council for the Advancement of Small Colleges.

Carmichael, J. H. (1975). Instructional development: lessons learned. New Directions for Community Colleges. 3(1), 1-10.

Centra, J. (1978). Faculty development in higher education. Journal of Higher Education. 80(1), pp. 188-201

Cooper, J.C.(1982). A survey of needs assessment processes for faculty development programs in community-junior colleges. In

UMI ProQuest Digital Dissertations--Full Citation & Abstract, AAT 8225431.

D' cruz-endeley, C. C. (1994). Faculty development needs as perceived by the faculty and administrators at Rima College, Malasia. In UMI ProQuest Digital Dissertations--Full Citation & Abstract, AAT 9536529.

Dale, E. A. (1998). An assessmento of a faculty development program at a research university. In UMI ProQuest Digital Dissertations--Full Citation & Abstract, AAT 9841858..

Dale, E.A.(1998). An assessment of a faculty development program at a research university. In UMI ProQuest Digital Dissertations--Full Citation & Abstract, AAT 8225431

Day, H. A. (1980). A critical analysis of the status of and criteria used in the evaluation of faculty development programs. In UMI ProQuest Digital Dissertations--Full Citation & Abstract, AAT 8028571.

Eble, K. E. & McKeachie, W. J. (1985). Improving undergraduate education through faculty development. San Francisco: Jossey-Bass.

George, J. H. (1981). Development of a model for faculty development in postgraduate medical education. In UMI ProQuest Digital Dissertations--Full Citation & Abstract, AAT 8208352.

Goody, A. E. (1998). Instructional development: a case study of program planning for active learning at the University of Illinois at Urbana-Champaign. Unpublished Doctoral Dissertation. University of Illinois at Urbana-Champaign.

Lee S. shulman(1987). Knowledge and Teaching: Foundations of the New Reform. Harvard Educational Review. 57(1), 1-22.

Lefler, J. C. (1998). A study of faculty development at fourteen community colleges in the Tennessee Board of Regents System. Unpublished Doctoral Dissertation. East Tennessee State University.

Lepiz-Jimenez, C. H. (1982). Faculty Development needs as perceived by administrators and instructors from the national university in Costa Rica. In UMI ProQuest Digital Dissertations--Full Citation & Abstract, AAT 8307018.

Marble, P.J. (1980). The development of a model for the implementation of performance-based vocational teacher education in the community college system in Washington State. In UMI ProQuest Digital Dissertations--Full Citation & Abstract, AAT 8021812.

Maxwell, W. E. & Kazlauskas, E. J. (1992). Which faculty development methods really work in community colleges? A review of research. Community/Junior College Quarterly, 16, 351-360.

Richard A. Swanson & Deane Gradous (1986). Performance at Work: A Systematic program for analyzing work behavior. New York: John Wiley & Sons, Inc.

Richaurd R. Camp、P. Nick Blanchard & Gregory E. Huszczo (1986).

Toward a More Organizationally Effective Training Strategy & Practice. New Jersey: Prentice-Hall, Englewood Cliffs.

Scott, O. P. (1987). A study to design and recommend a faculty development model for promoting professional growth and instructional change. In UMI ProQuest Digital Dissertations--Full Citation & Abstract, AAT 8727444.

Seppanen, L. (1990). Washington community college faculty development survey results: A summary of the results of survey of full-time faculty. Operation report no. 90-3. Olympia WA: Washington State Board for community college Education.

Shedd, P. E. (1989). The use of the principles of adult learning scale to assess instructional development needs in a community college. In UMI ProQuest Digital Dissertations--Full Citation & Abstract, AAT 9010600.

Wallin, D. L. (1982). Faculty development activities in the Illinois community college system. Springfield, IL: Lincoln Land Community College.

第五章──張文雄、林尚平、廖年淼、及沈健華（民 89）。技職校院教師研習體制之整體規劃期末報告。教育部技術及職業教育司委託研究，國立雲林科技大學技職教育研究中心執行。

教育部（民 89）。國內大學校院增至 135 所。高教簡訊，114。台北：教育部高教司。

斯定國（民 81）。大學教師對教學發展的認識與需求。行政院國家學委員會專題研究計劃成果報告，計劃編號：NSC81-0301-H-002-19。

葉蕙蘭（民 87）。淡江大學教師教育專業成長之需求評估研究。
　　淡江大學教育資料科學學系碩士論文。

廖年淼（民 89）。本校教師教學成效的檢討與省思。國立雲林科
　　技大學教務會議資料，未出版。

廖年淼（民 91）。科技大學教師教學行為對學生滿意度的影響研
　　究，創意教學與研究研討會論文集，pp.2-169~172。

饒見維（民 85）。教師專業發展──理論與實務。台北：五南圖
　　書出版公司。

國家圖書館出版品預行編目

教師教學專業發展之研究 / 廖年淼作. --
　　一版. -- 臺北市：秀威資訊科技，2004[民 93]
　　面；　公分. --（社會科學類；AF0014）
　　含參考書目
　　ISBN 978-986-7614-60-5（平裝）

　1.教師　2.在職進修

　522.4　　　　　　　　　　　　　　93023882

　社會科學類　　AF0014

教師教學專業發展之研究

作　　者 / 廖年淼
發 行 人 / 宋政坤
執行編輯 / 賴敬暉
圖文排版 / 郭雅雯
封面設計 / 李孟瑾
數位轉譯 / 徐真玉　沈裕閔
圖書銷售 / 林怡君
網路服務 / 徐國晉
法律顧問 / 毛國樑律師
出版印製 / 秀威資訊科技股份有限公司
　　　　　台北市內湖區瑞光路 583 巷 25 號 1 樓
　　　　　電話：02-2657-9211　　　傳真：02-2657-9106
　　　　　E-mail：service@showwe.com.tw
經 銷 商 / 紅螞蟻圖書有限公司
　　　　　台北市內湖區舊宗路二段 121 巷 28、32 號 4 樓
　　　　　電話：02-2795-3656　　　傳真：02-2795-4100
　　　　　http：//www.e-redant.com

2005 年　1 月 BOD 一版
2006 年 12 月 BOD 二版
定價：290 元

讀 者 回 函 卡

感謝您購買本書，為提升服務品質，煩請填寫以下問卷，收到您的寶貴意見後，我們會仔細收藏記錄並回贈紀念品，謝謝！

1.您購買的書名：＿＿＿＿＿＿＿＿＿＿＿＿＿＿＿＿

2.您從何得知本書的消息？

　　□網路書店　　□部落格　　□資料庫搜尋　　□書訊　　□電子報　　□書店

　　□平面媒體　　□ 朋友推薦　　□網站推薦　□其他＿＿＿＿＿＿

3.您對本書的評價：(請填代號　1.非常滿意 2.滿意 3.尚可 4.再改進)

　　封面設計＿＿＿　版面編排＿＿＿　內容＿＿＿　文/譯筆＿＿＿　價格＿＿＿

4.讀完書後您覺得：

　　□很有收獲　　□有收獲　　□收獲不多　　□沒收獲

5.您會推薦本書給朋友嗎？

　　□會　□不會，為什麼？＿＿＿＿＿＿＿＿＿＿＿＿＿＿＿＿＿

6.其他寶貴的意見：＿＿＿＿＿＿＿＿＿＿＿＿＿＿＿＿＿

＿＿＿＿＿＿＿＿＿＿＿＿＿＿＿＿＿＿＿＿＿＿＿＿＿＿

＿＿＿＿＿＿＿＿＿＿＿＿＿＿＿＿＿＿＿＿＿＿＿＿＿＿

＿＿＿＿＿＿＿＿＿＿＿＿＿＿＿＿＿＿＿＿＿＿＿＿＿＿

讀者基本資料

姓名：＿＿＿＿＿＿＿＿＿　年齡：＿＿＿　性別：□女 □男

聯絡電話：＿＿＿＿＿＿＿　E-mail：＿＿＿＿＿＿＿＿＿

地址：＿＿＿＿＿＿＿＿＿＿＿＿＿＿＿＿＿＿＿＿＿＿＿

學歷：□高中(含)以下　　□高中　　□專科學校　　□大學

　　　□研究所(含)以上 □其他＿＿＿＿＿＿＿

職業：□製造業 □金融業 □資訊業 □軍警 □傳播業 □自由業

　　　□服務業 □公務員 □教職　 □學生 □其他＿＿＿＿＿

秀威與 BOD

BOD（Books On Demand）是數位出版的大趨勢，秀威資訊率先運用 POD 數位印刷設備來生產書籍，並提供作者全程數位出版服務，致使書籍產銷零庫存，知識傳承不絕版，目前已開闢以下書系：

一、BOD 學術著作—專業論述的閱讀延伸
二、BOD 個人著作—分享生命的心路歷程
三、BOD 旅遊著作—個人深度旅遊文學創作
四、BOD 大陸學者—大陸專業學者學術出版
五、POD 獨家經銷—數位產製的代發行書籍

BOD 秀威網路書店：www.showwe.com.tw
政府出版品網路書店：www.govbooks.com.tw

永不絕版的故事・自己寫・永不休止的音符・自己唱